Dámaris Navarro Torregrosa

Rútindel

(Aventura en el país del ratoncito Pérez)

Ilustraciones: Daniel Montero Galán

edebé

Paseo de San Juan Bosco, 62
08017 Barcelona
www.edebe.com

Directora de la colección: Reina Duarte
Diseño gráfico de las cubiertas: César Farrés
Ilustraciones: Daniel Montero Galán

1.ª edición, septiembre 2010

ISBN 978-84-236-9592-8
Depósito Legal: B. 1008-2010
Impreso en España
Printed in Spain
EGS – Rosario, 2 – Barcelona

A Mariola Alcocer, a Paco Mora y a mis padres, Flaviano y Josefina.

A Mariola Arroces, a Paco Morales y a mis padres, Florencio y Rosario

Índice

Capítulo uno

Santi no lograba conciliar el sueño. Debía de haber anochecido ya, porque por la ventana de su habitación entraba la luz de las farolas de la calle. Sabía que, cuando las farolas se encendían, significaba que había caído la noche y que debería estar dormido. Pero estaba tan emocionado que, por más que se empeñase en cerrar los ojos, al momento, volvían a abrírsele de par en par.

Esa noche no era como otra cualquiera, pues hacía unas horas que se le había caído un diente y esperaba una visita muy especial.

Como era el cuarto diente que se le caía, Santi sabía a la perfección lo que tenía que hacer. Se puede decir que, con siete años, era todo un experto en el tema. Por eso, comprobó que el diente se encontraba perfectamente colocado debajo de la almohada, es decir, un poquito a la derecha, para que el ratoncito Pérez, nada más levantar la almohada, pudiera cogerlo sin dificultad. Pero no debía dejarlo justo al borde de la cama porque corría el riesgo de que se cayese al suelo mientras dormía, y el ratoncito no lo pudiese encontrar.

El diente seguía en su sitio, así que cerró los ojos de nuevo. Sus padres y su hermano Marcos debían de haberse ido a la cama, porque no se oía el más mínimo ruido en la casa. «Si el ratoncito estuviera cerca, yo sería capaz de oír ca-

da uno de sus diminutos pasos», pensó Santi. Esta idea le produjo un escalofrío. El niño sabía que el ratoncito no podía llegar y encontrarlo despierto, pues tenía presentes las instrucciones de su abuelo Julián: «Si lo esperas despierto, no aparecerá; y no vale con cerrar los ojos. Él sabe distinguir si duermes o si te haces el dormido».

Así que Santi intentó quedarse dormido por todos los medios. Su mamá decía que una buena táctica para dormirse era pensar en cosas agradables. Por eso, Santi empezó por imaginar el regalo que le traería el ratoncito y, al poco tiempo, el sueño se apoderó de él.

Capítulo dos

Santi se despertó sobresaltado. Estaba seguro de que había oído un ruido pero, por extraño que pareciese, todo volvía a estar en silencio. Lo primero que hizo fue meter la mano debajo de la almohada y palpar las sábanas arrugadas en busca del diente. Éste no se había movido lo más mínimo. Entonces, ¿qué había sido ese sonido?

Sin pensarlo dos veces, encendió la luz y recorrió la habitación con la mirada para comprobar que todo estaba en orden. No encontró nada extraño y, como no había razón alguna para asustarse, decidió no darle importancia. Cuando toda la gente está dormida, las persianas de las tiendas bajadas y los coches en sus garajes, el más mínimo ruido puede parecernos atroz. A nadie le gusta oír ruidos extraños de madrugada, porque uno enseguida tiende a pensar qué ha podido provocarlo y empieza a imaginar un sinfín de historias espeluznantes.

No había encontrado nada sospechoso, de modo que lo más probable era que el ruido hubiera sido fruto de su imaginación. Pero aun así, no conseguía recobrarse del susto.

Todas las posturas que adoptaba le parecían de lo más incómodas, por lo que se daba la vuelta una y otra vez. En uno de esos movimientos, sintió que algo le rozaba el brazo. Ahora no podía tratar de ignorarlo porque, fuera lo que fuese, ¡¡estaba metido con él en su cama!!

Con mucho cuidado, Santi se giró y echó las sábanas hacia atrás. Si hubiera encontrado una tarántula, un monstruo o una bruja, no le hubiera extrañado tanto como lo que vio. ¡Era ni más ni menos que un equipo de escalador en miniatura! Una cuerda del tamaño de un cordón de zapato colgaba de su cama. La cuerda estaba anudada a un pico y éste estaba clavado en su colchón.

Movido por la curiosidad, buscó alguna otra pista para averiguar qué estaba ocurriendo en su habitación.

Para empezar, siguió el recorrido de la cuerda, pero ésta no comunicaba con pasadizos secretos, ni siquiera con la calle. Tan simple como decepcionante: la cuerda terminaba a los pies de su cama.

Santi no podía creer que no hubiera nada más y ahí terminase la historia. Pero, en ese mismo instante, vio moverse una sombra de unos diez centímetros de alto, que se detuvo detrás de una pata de la cama. A Santi le pareció que lo que quiera que fuese aquella sombra estaba intentando escapar de su vista. Eso lo tranquilizó, por no decir su tamaño. «Si todos los seres de la noche que se dedican a dar sustos midieran diez centímetros, no conseguirían asustar a nadie», se dijo.

De modo que Santi se disponía a acercarse al intruso para observarlo de cerca cuando, en un visto y no visto, él mismo se descubrió. Sin que Santi tuviera apenas tiempo para reaccionar, un ratón gris salió del escondite y subió a toda prisa por la cuerda hasta su cama.

Una vez lo tuvo delante de sus ojos, Santi cayó en la cuenta de que aquel ratón sólo podía ser ¡el ratoncito Pérez! Sin embargo, allí había algo desconcertante: para empezar, ese ratón iba completamente vestido de negro y encapuchado. Y nada de saco. Lo que quiera que llevase lo guardaba en una enorme mochila negra. Más que un personaje mágico de cuento, ¡su visitante parecía un ladrón! «Seguro que viste así para deslizarse en la oscuridad sin ser visto», se dijo el niño.

Absorto en estos pensamientos y temblando de emoción, Santi no era consciente de lo que el ratoncito estaba haciendo. Tan sólo sintió que un líquido con sabor a jarabe le mojaba los labios y pasaba por su garganta.

Capítulo tres

Cuando volvió en sí, Santi no estaba en su cama, ni en su ciudad, ni en ningún sitio que le resultara conocido. Árboles gigantescos se levantaban a diestro y siniestro, y la maleza y los helechos llegaban hasta tan alto que apenas veía lo que tenía delante de sus ojos.

Alguien lo llevaba cargado a sus espaldas y, a grandes zancadas, se adentraba entre la vegetación. Santi no podía verle la cara, pero enseguida reconoció el pasamontañas negro que su secuestrador llevaba puesto: ¡el pasamontañas del ratoncito Pérez! Por si cabía alguna duda, unas enormes orejas grises de roedor asomaban ahora a ambos lados de la cabeza.

Entonces Santi cayó en la cuenta. Los yerbajos no tenían una altura descomunal: «¡Soy yo el que tiene el tamaño de un ratón!», se dijo, cada vez más asustado. Pero ¿qué podía haberle pasado?

El ratón parecía no darse cuenta de que Santi se había despertado y su única obsesión era caminar lo más rápido posible. Así que el niño carraspeó para llamar su atención.

—Vaya, vaya, ¡parece que te ha durado poco el efecto del *somníferum!* —dijo el ratón.

—¿Del qué? —preguntó Santi, extrañado.

—Como supuse que no querrías venirte conmigo por tu propia voluntad, teniendo en cuenta que tendrías que abandonar tu casa, tu familia y todo eso..., tuve que dormirte con unas gotas de *somníferum.* Pensaba explicártelo todo en cuanto despertaras. ¡Ah!, y tuve que mezclar el *somníferum* con una buena dosis de *reduceniños* porque, como comprenderás, ¡no podía cargar un gigante como tú a mis espaldas! —dijo el ratón.

—¡Pues yo no creo que la mejor solución fuera convertirme en un niño del tamaño de un ratón! ¡Podías haberme pedido opinión, al menos! —exclamó Santi.

—Humm. Lo que está claro es que no podía dejarte en tu mundo después de haber visto a uno de los herederos del ratoncito Pérez, ¿entiendes? ¡Eso es una cosa muy seria!

—¿Cómo que los herederos del ratoncito Pérez? Y, ¡un momento!, ¿qué quieres decir con mi mundo? ¿Dónde me llevas? —dijo el niño, desconcertado.

—Verás —explicó el ratón—, cuando ocurren accidentes de este tipo... Es decir, cuando un niño incumple las normas y ve con sus propios ojos a uno de los nuestros..., los herederos del ratoncito Pérez nos vemos obligados a llevárnoslo al mundo de los ratones.

—¡Pero yo no tenía intención de verte! ¡Fuiste tú el que...!

—Admito que..., en fin..., no fui del todo silencioso. Pero, en cualquier caso, tú tenías que haber seguido durmiendo, y así no hubiera tenido que tomar la difícil decisión de...

—¿Raptarme?

—¡No podía dejarte tranquilamente en tu cama, jovencito! Si los ratones cometiéramos esa imprudencia, ¡los niños contaríais a todo el mundo lo que habéis visto! Entonces los humanos nos buscaríais hasta dar con nosotros y… ¡Chas! ¡En cuestión de unos días no quedaría un ratón vivo en la capa de la Tierra!

—Pues yo creo que si contara a los demás que te he visto, nadie me creería —comentó Santi.

—Es posible. Pero si hoy un niño de España asegura haber visto al ratoncito Pérez, y mañana otro de Alemania, y pasado uno de China; al final los Gobiernos empezarían a sospechar.

—¿Y te llevas a todos los niños que, sin querer, te encuentran en su habitación? —preguntó Santi, desesperado.

—Así son las normas de Rútindel.

—¿Y qué es Rútindel?, si puede saberse.

—Rútindel es el país donde vivimos los herederos del ratoncito Pérez.

—¡Pero eso es horrible!

—Para mí tampoco es agradable tener que contestar a todas tus preguntas cuando tengo prisa —bramó el ratón.

Santi no sabía por qué el ratón tenía tanta prisa, pero con lo alterado que estaba de repente, el niño no se atrevió a preguntárselo. Y menos mal que no lo hizo porque, al momento, siguió diciendo:

—Llevo dos días contigo a cuestas y aún nos queda un buen trecho. De modo que lo mejor que puedes hacer es estar callado y no molestar. Bastantes problemas me has ocasionado ya.

El ratón continuó su camino sin aminorar el paso, y ni uno ni otro volvió a abrir la boca en lo que quedó de viaje.

Ese ratón sí que sería un heredero del ratoncito Pérez, pero, desde luego, era un cascarrabias, un gruñón y un antipático.

Santi no entendía que el ratón se empeñara en seguir cargando con su peso. Es posible que hubiera pasado 48 horas dormido, pero ahora que se había repuesto del efecto del *somníferum,* ¿por qué no le dejaba poner un pie en el suelo? «Puede que no me deje caminar por miedo a que me escape», pensó Santi. Pero al niño ni siquiera se le pasaba por la cabeza la idea de huir porque más le valía permanecer cerca del ratón, por lo menos, hasta recuperar su tamaño original. Y en todo caso, ¿adónde podía dirigirse si no sabía en qué región ni en qué país se encontraba?

De todas formas, aunque hubiese averiguado que aquel bosque estaba en Sierra Morena o en los Pirineos, de poco le habría servido, porque del bosque frondoso no quedaba ni rastro.

Ahora se encontraban en una gran ciudad repleta de coches y de gente que caminaba en todas direcciones. El ratón seguía corriendo, pero con la diferencia de que un sinfín de suelas de zapato amenazaban con caer sobre su cabeza. Vistos desde la perspectiva de un ratón, los tacones de las señoras parecían cuchillos afilados y los gigantescos zapatones de los hombres, apisonadoras en marcha. En ese momento, Santi se imaginó cómo debía de sentirse una hormiga al morir aplastada por un gigante humano. Y lo increíble es que esas cosas ocurren todos los días sin que nadie se preocupe lo más mínimo.

Al momento, Santi y el ratón habían

llegado a un puerto. Frente a ellos, había un barco de pasajeros a punto de zarpar. Una fila de hombres, mujeres y niños con sus correspondientes maletas guardaban cola para subir a bordo. Sin pensarlo dos veces, el ratón subió la rampa que separaba el muelle de la embarcación y se coló entre la tripulación sin que nadie se percatara de lo ocurrido.

Entonces Santi comprendió el verdadero motivo por el que el ratón prefería llevarlo a cuestas: ¡avanzaban a una velocidad que sus piernas no hubieran podido alcanzar ni siquiera cuando tenían tamaño humano!

Después del viaje en barco como polizones, escalaron la montaña más escarpada que Santi había visto nunca, cruzaron un río a nado y atravesaron una tierra tan árida, que Santi pensó que no

podía ser más que un desierto. Pero lo increíble es que, en todo el viaje, las patitas del ratón no se detuvieron ni un instante, hasta que él y nuestro amigo pasaron por debajo de un arco que decía:

«¡BIENVENIDOS A RÚTINDEL!»

Tras el arco, se abría paso una ciudad construida sobre una montaña. Un camino partía desde el mismo arco hasta la cima y, a ambos lados, se levantaban unas casitas construidas a la medida de los ratones. Al lado de las casas, los árboles que jalonaban el camino parecían inmensos. Pero lo más sorprendente de las casas no era su tamaño, sino que todas eran de color blanco.

A medida que uno se acercaba, observaba que las paredes estaban construidas con una especie de piedras más o menos cuadradas y de un blanco resplandeciente. Pese a ello, todas las casas no eran iguales, ni mucho menos. Las había grandes y pequeñas, altas y bajas, de forma cuadrada y circular.

Conforme iban subiendo la montaña, Santi descubrió que, además de las casas; había un colegio, una plaza, un bosque y, en lo más alto de la montaña, un edificio con banderas que debía de ser algo muy importante.

Sin embargo, lo curioso es que a esa ciudad le faltaban los habitantes. De no ser por la luz del sol, Santi diría que eran las tres de la mañana y que todo el mundo estaba dormido. Pero era de día y en el colegio no había niños, ni en los bancos del parque había abuelos hablando, ni siquiera había nadie paseando por las calles.

Por fin, el ratón se detuvo y, sin mediar palabra, sacó una llave de su bolsillo, abrió la puerta de una de las casitas más pequeñas y, una vez dentro, respiró aliviado.

Capítulo cuatro

En un instante, el ratón desapareció de la vista del chico, y Santi aprovechó la ocasión para echar un vistazo a su alrededor. Las paredes estaban hechas de las mismas piedrecitas blancas que había visto en las otras casas. Sólo que, de cerca, la belleza de las piedras se podía apreciar en todo su esplendor.

Por lo demás, la casa del ratón no tenía más que lo esencial: un par de sillones, una mesa, una estantería, un armario con dos inmensos portones de madera maciza y una camita en una es-

quina. Estaba claro que, aparte del ratón, en esa casa no vivía nadie más.

Al momento, el ratón regresó. Se había despojado de su ropa negra de ladronzuelo y tenía un aspecto mucho más alegre. Llevaba unos pantalones remendados que le quedaban cortos, una camisa a rayas verdes y blancas y un chaleco de color morado. Sus orejas parecían ahora mucho más grandes y abiertas, casi como las de un duende, y contrastaban con su cuerpo enclenque y esmirriado. Al verle ahora, con esas patitas que podrían haber pasado por alambres, Santi no se explicaba cómo se las había arreglado para cargar con su peso.

Ese ratón era un misterio, ya lo creo. Hasta el humor parecía haberle cambiado. Con lo gruñón que parecía durante el viaje..., ahora tenía una pinta de lo más simpática.

No había más que verlo: con una sonrisa de oreja a oreja, iba de una punta a otra de la casa, dando brincos. Toda su atención estaba concentrada en una piedrecita blanca que lanzaba al aire una y otra vez para volverla a agarrar.

—¿Sabes lo que es esto? —le preguntó, mostrándole la pieza y sin dejar de saltar.

—¿Una piedra? —dijo Santi, no muy seguro.

El ratón empezó a troncharse de risa. Era una de esas risas que te entran en clase sin saber por qué y que son imposibles de controlar. El pobre Santi lo miraba confundido, pues no sabía qué le resultaba tan gracioso. Entonces el niño examinó la pieza de cerca. Sin ninguna duda, aquella pieza blanca y ligeramente alargada era igual que las que había en la pared. Santi estuvo dándole vueltas hasta que, de repente, cayó en la cuenta de que eso no era ninguna piedra. ¡Era un diente! ¡Su diente! Sólo que ahora que él tenía el tamaño de un ratón, el diente le parecía tan grande que no se explicaba cómo podía haberlo llevado en la boca durante siete años.

De inmediato, Santi comprendió por qué en Rútindel todo era de un blanco tan radiante. La casa del ratón estaba construida nada más y nada menos que con dientes de leche; y no sólo su casa, sino que todas las casas, las escuelas y las tiendas de Rútindel estaban hechas con dientes de niño.

Santi estaba sentado en el suelo y miraba fascinado las cuatro paredes de la

casa. El ratón, que había observado la confusión del niño, se acomodó en su sillón y esperó.

—Voy a contarte una historia que siempre habrás ansiado conocer y de la que muy pocos han oído hablar —comenzó a decir el ratón.

Sus palabras despertaron la curiosidad del niño.

—¿Qué historia? —preguntó.

—Hace muchos miles de años, en Rútindel vivía un ratoncito español al que llamaban Pérez —Santi se puso de rodillas y miró al ratón fijamente para no perderse ni un solo detalle de la historia—. Pérez emprendía de vez en cuando un viaje a su país para visitar a sus parientes y siempre volvía con algún objeto desconocido en el mundo de los ratones. Una vez, regresó con un diente de leche, y cuál fue su sorpresa al descubrir que, en Rútindel, durante la noche, el diente irradiaba luz.

—¿En serio? —preguntó Santi, maravillado.

—Al ratoncito Pérez también le entusiasmó el descubrimiento y pensó que tenía que darle una utilidad. Un día, nada más despertar, se le ocurrió que podía usar los dientes de los niños para iluminar las casas, porque la luz que emitía el diente era más potente que cien velas juntas.

—¡Sigue, por favor!

—Encontrar dientes de leche, sin embargo, no era nada fácil. Así que pensó que vigilaría de cerca a los niños y, cuando se les cayera un diente, entraría en sus casas y se lo llevaría. Para darles las gracias, se le ocurrió dejarles un regalito. Al poco tiempo, Pérez tuvo tantos dientes, que decidió construirse una casa con ellos. De este modo, nunca faltaría luz ni dentro de su casa, ni en toda la calle.

—¡Qué genio!

—Ya lo creo, Pérez fue el Einstein de los ratones.

—¡Cuéntame más!

—La idea gustó tanto a los habitantes de Rútindel, que todos lo imitaron. Eso pasó hace mucho tiempo, pero nosotros somos los herederos de la tradición del ratoncito Pérez.

—¡Guau! —exclamó Santi, maravillado.

Para este tipo de tareas, la organización es muy importante. Por eso, cada ratón de Rútindel asumió una misión.

—¿Tú también tienes una misión?

—¡Claro! Mi misión consiste en viajar de país en país y recoger los dientes que los niños dejan debajo de la almohada —dijo el ratón, muy orgulloso—. Aunque también hago muchas otras cosas... Los ratones de Rútindel nos organizamos muy bien, ¿sabes? Tenemos ratones espías por todo el mundo que se encargan de vigilar las casas donde viven niños. Cuando alguno descubre que a un niño se le mueve un diente, envía a un ratón mensajero a Rútindel para avisarnos. Entonces un ratón emprende el viaje en busca del diente.

—¡Jamás me lo hubiera imaginado! —exclamó Santi, alucinado.

—Viajar al mundo de los humanos en busca de dientes de leche siempre ha sido muy divertido —los ojillos del ratón, sus orejas y sus labios se arquearon—. Pero ahora... —musitó, con un ademán de tristeza.

—¿Qué ocurre? ¡Dime!

—Que los niños de hoy en día no creen en el ratoncito Pérez. ¡Eso es lo que ocurre! —dijo el ratón, desolado.

Santi sabía que eso era cierto. Su hermano Marcos, sin ir más lejos, se rió de él cuando le contó que iba a dejar el diente debajo de la almohada.

—Antes, cuando un ratón mensajero llegaba con la noticia de que a un niño se le movía un diente, todos los habitantes de Rútindel queríamos ir a recoger la preciada pieza. Pero ahora, viajamos a Checoslovaquia, a Suiza o la Conchinchina y, cuando miramos debajo de la almohada del niño, ¡no hay nada!

—Bueno —le dijo Santi para consolarlo—, ahora tienes un diente mío.

Capítulo cinco

El ratón abrió el único armario de su casa y estuvo buscando entre un sinfín de objetos hasta que, con una expresión triunfal, alzó en sus manos un microscopio. Instaló el artilugio sobre la mesa, le quitó un poco el polvo con un soplido y situó el diente de Santi en el objetivo. Lo estuvo observando a través de la lente, hasta que al fin exclamó:

—¡Calidad media! ¿Cuántas veces te lavas los dientes al día? ¿Una? ¡Tenías una caries, jovencito! ¡Y tu caries va a decorar la fachada de mi casa hasta la eternidad!

Santi se ruborizó, pero el ratón, que

ya estaba rebuscando otra vez en el armario, no le dio mayor importancia. Al momento, regresó con un cincel y estuvo modelando el diente hasta que lo transformó en un cuadrado casi perfecto. Por último, sacó del armario materiales y herramientas de albañilería: tierra, cemento, un cubo de agua y una paleta.

—¿Vas a quedarte pasmado mirándome o quieres ayudarme?

Entre los dos, mezclaron el cemento con tierra y agua e introdujeron el diente en un hueco que quedaba entre los dientes de la pared.

Cuando se fueron a dar cuenta, había anochecido. En la oscuridad de la noche, Santi pudo apreciar la luz que desprendían las paredes de la casa. Los dientes eran como cientos de perlas brillantes que, además de irradiar más luz de la que jamás pudiera emitir una bombilla, otorgaban a la casa una belleza entrañable.

Santi fue a mirar por la ventana para disfrutar de las vistas del conjunto de casas resplandecientes; pero el ratón, sobresaltado, se lo impidió y, acto seguido, cerró todas las ventanas a cal y canto.

—De ahora en adelante —bramó el ratón—, tienes que evitar levantar la más mínima sospecha. Nadie debe saber que te escondes en mi casa. Así que nada de hablar alto y nada de mirar por la ventana, ¿entendido?

—Pero —protestó Santi— no sé dónde está el peligro.

—¡Las ratas son el peligro! —dijo el ratón, haciendo aspavientos.

Por algún motivo, la cara del ratón se transformó, volviéndose más seria que una lápida.

—Róndor, el mundo de las ratas, está al otro lado de la montaña —explicó—. Si te sitúas en la cima, una de las laderas pertenece a los ratones y la otra a las ratas. Una valla separa los dos territorios, y la única forma de pasar de un sitio al otro es subiendo a lo más alto de la montaña.

—Imagino que, si pusisteis una valla para separar las dos partes, es porque los ratones y las ratas no os lleváis muy bien. ¿O me equivoco?

—Es difícil convivir con las ratas —aseguró el ratón—. Esos seres son problemáticos por naturaleza. Y lo peor es que la envidia las corroe.

—¿Por qué?

—Todo empezó cuando descubrieron el pequeño paraíso que habíamos construido en Rútindel. Tenían envidia de lo bonitas que quedaban nuestras casas blancas y luminosas. Así que ellas también empezaron a reconstruir Róndor con dientes de leche.

—¡Menudas copionas! —exclamó Santi.

—Que nos imiten no es el problema. Lo que pasa es que son demasiado estúpidas para viajar y conseguir dientes por sí mismas. Por ese motivo, se dedican a asaltar las casas de los ratones y nos roban los dientes para construir sus casas.

—¡Pero eso es juego sucio!

—¡Claro que es juego sucio! El diente que faltaba en mi casa, sin ir más lejos, lo robó una rata asquerosa hará cosa de tres semanas.

—¿Pero no podéis hacer nada para evitarlo?

—Esas ratas son tres veces más gran-

des que nosotros. Si tratáramos de plantarles cara, nos derrotarían con sólo darnos un manotazo.

—Entiendo.

—¿Entiendes también por qué es mejor que nadie sepa que estás aquí? Los rumores se propagan más rápido que el fuego y, si llega a oídos de las ratas que hay un niño cerca, no descansarían hasta arrancarte todos los dientes que tienes en la boca.

Un escalofrío recorrió el cuerpo del niño.

Capítulo seis

Santi se quedó pensando en las palabras del ratón. Las ratas nunca le habían gustado. Tienen el cuerpo demasiado grande en comparación con la cabeza y eso las hace muy feas. A lo mejor, el hecho de que no sean muy listas se debe al tamaño de la cabeza. Pero, sin duda, lo más asqueroso de las ratas es el rabo largo y pelado.

Si encontrarse con una rata ya es una experiencia horrenda de por sí, tropezarse con una rata cuando se tiene el tamaño de un ratón debía de ser doblemente horrible.

En ese momento, el ratón interrumpió sus pensamientos para seguir con la misma cantinela.

—No quiero ni pensar en la imprudencia que ibas a cometer mirando por la ventana —continuó diciendo—. ¿Tú sabes la cantidad de ratones que podían haberte visto? ¡A estas horas, cientos de ellos estarán saliendo de sus casas para ir a la fábrica, a la oficina, a la escuela!

—¡Pero si es de noche! —se atrevió a decir Santi, sin comprender nada.

—¡Precisamente porque es de noche, pequeño ignorante! ¡Que los humanos trabajéis de día y descanséis de noche no quiere decir que todos los seres de la Tierra hagamos lo mismo!

—¿Así que los ratones trabajáis de noche y dormís de día? —preguntó Santi, sorprendido.

—¡Lo que no entiendo es por qué te sorprendes! Yo conozco a muchos animales que trabajan de noche. Cerca de Rútindel, a unos 100 kilómetros, hay un bosque de lechuzas. Y si eres un ratón, no te aconsejo que pases por allí de noche, a menos que quieras acabar en el vientre de una señora lechuza. Sin embargo, si pasas por el bosque de día, no oirás ni respirar, porque están todas dormidas. Y eso es sólo un ejemplo; los búhos y los murciélagos hacen lo mismo.

—¿Ah, sí?

—¡Y te digo más! Si los ratones nos dedicáramos a dormir por la noche, ¿qué sentido tendría poner tanto empeño en iluminar Rútindel?

—Es verdad —admitió Santi.

—Y ¿por qué me apresuré tanto en el viaje a Rútindel para ganar un día? ¡Para

entrar cuando nadie podía verte! Es decir, de día. Pero ahora es de noche, y la jornada acaba de empezar en el mundo de los ratones —dijo el ratón, articulando cada sílaba para asegurarse de que se hacía entender—. Puedes comprobarlo tú mismo ¡Escucha y verás!

Efectivamente, Santi escuchó con atención y pudo oír las voces de dos vecinas que hablaban a gritos desde las ventanas de sus casas y se lo dijo, emocionado, al ratón, pues eran las primeras señales de vida que percibía desde su llegada a Rútindel.

—¿Eso es todo lo que oyen tus oídos? —se burló el ratón, soltando una risotada—. ¡Los humanos estáis más sordos que una tapia! ¡Déjame a mí! —tras una pequeña pausa, el ratón prosiguió—: Esas dos vecinas que dices son Meto-

mentodo y Memolestatodo. Mis oídos de ratón me dicen que Metomentodo, a la vez que habla, sacude una alfombra de la que salen motas de polvo disparadas. Bueno —los cinco pelos del bigote y las orejas se le pusieron de punta—, ahora han salido también disparados tres copos de avena del bote que Glotón, su marido, abrió ayer en secreto. Memolestatodo se rasca la nariz mientras escucha a su vecina. En estos momentos, se le ha colado una luciérnaga por la ventana. ¡Buff! ¡Otra vez no, no puedo soportar el ruido que hace cuando se frota la napia! Pero dejemos la plática para más tarde porque, al hablar de los copos de avena, se me ha abierto el apetito. ¿Tú tienes hambre, muchacho?

—Pues… —Santi estaba atónito, por lo que tardó un pelín en reaccionar—.

Ahora que lo pienso, mis intestinos llevan ya un buen rato quejándose.

—Entonces, vamos a ver las cosas ricas que tenemos por estos tarros.

El ratón empezó a leer en voz alta las etiquetas de unos tarros de vidrio que había sobre la estantería:

—Sémola de maíz, cebada, almidón de trigo. Tomaremos cebada. ¿De acuerdo?

Santi había leído todos esos nombres en las cajas de cereales, pero cuál fue su desilusión cuando se llevó a la boca aquellas cortezas oscuras, que no tenían ni una pizca de miel, ni de chocolate, ni de nada.

—Yo pensaba que los ratones sólo comíais queso —admitió Santi.

—Tonterías —afirmó el ratón—. En Rútindel sólo comemos queso cuando algún ratón vuelve de recoger el diente

de un francesito. Aprovechamos el viaje a Francia, que es uno de los países que más toneladas de queso produce al año, para traernos provisiones de queso.

—¿En serio? —dijo Santi, boquiabierto.

—Y tan en serio. Mi casa tiene 48 dientes franceses; pero los que más me gustan son los dientes mexicanos, porque en México los ratones son muy simpáticos y, siempre que voy, tocan alguna ranchera y cantamos durante toda la noche.

—¿Y cuáles son los dientes que menos te gustan? —preguntó Santi, intrigado.

—Los belgas, sin duda.

—¿Por qué?

—Porque los niños belgas se pasan el día comiendo chocolate y tienen los dientes hechos una porquería.

Capítulo siete

En ese momento, alguien llamó a la puerta. Ambos se sobresaltaron. Las visitas no estaban previstas. El ratón estaba fuera de sí y agitaba los brazos como si fuera una marioneta descontrolada. De una brazada, volcó el cuenco de cebada y los copos se esparcieron por la mesa. De no ser porque Santi también estaba asustado, la demostración de pánico del ratón le hubiera parecido muy graciosa. Pero comprendió que debía actuar rápido. El niño buscó, desesperado, un sitio seguro donde esconderse y lo único que se le ocurrió

fue meterse en el armario. Entonces el ratón abrió la puerta.

Santi no podía ver nada desde su escondite pero, prestando mucha atención, pudo seguir la conversación.

—Buenas noches, Torpón.

—Buenas noches, señora Metomentodo. ¿Qué le trae por aquí?

—Sólo quería preguntarle cómo le ha ido su visita a España. ¿Ha traído una buena pieza?

—Un incisivo. Nada especial, con caries.

—Ya veo. Por cierto, Torpón, no tendrá usted nada que ocultar, ¿verdad?

—Cla-cla-ro que no, señora Me-meto-mento-todo. ¿Cómo se le ocurre pe-pensar eso? —preguntó el ratón, nervioso.

—Narizotas opina que huele raro. Yo le he dicho que serían esas ratas apestosas, ya sabe. Pero no está de más asegurarse de que ningún vecino comete una imprudencia. Imagínese que a alguien se le ocurriera ocultar a un niño en su casa. El olor a chicle de fresa ácida que desprenden los niños atraería a las ratas enseguida y nos pondría a todos en peligro.

—Sí, se-se-ñora. Hasta la vi-vista.

Seguidamente, Santi oyó un portazo, lo que significaba que la señora Metomentodo se había marchado. Durante unos minutos, Torpón, que así se llamaba el ratón, la estuvo vigilando por la mirilla de la puerta. Como era de esperar, Metomentodo fue llamando de puerta en puerta con la misma pamplina, lo cual tranquilizó un poco a Torpón porque, por lo menos, las sospechas del vecindado no iban dirigidas exclusivamente a él.

Por fin, Santi se atrevió a salir de su escondrijo. Torpón estaba recogiendo los copos de cebada de la mesa y, al ver el desastre, Santi pensó que el nombre de Torpón le iba que ni pintado. Por un momento, no pudo contener la risa. Sin embargo, Torpón parecía muy preocupado.

—¿Te das cuenta de lo arriesgado que es tenerte aquí? —le preguntó el ratón, frunciendo el ceño—. No has hecho más que llegar y ya tenemos a medio vecindario en alerta.

—¡Pero lo que dice esa señora no tiene ni pies ni cabeza! ¡Seguro que yo he conocido a muchos más niños que ella y todavía no me he encontrado a ninguno que huela a chicle!

—Pues te equivocas, jovencito, porque los niños huelen a chicle de fresa ácida, y todos los roedores lo saben. Lo que pasa es que los humanos no sólo estáis sordos, sino que además tenéis un olfato que da pena.

—Pero ¿me estás diciendo que, en estos momentos, huelo a chicle de fresa? —dijo Santi, que no estaba dispuesto a creerse semejante barbaridad.

—Aunque estuviera a diez metros de ti, me llegarían bocanadas de aire con intenso olor a fresa ácida. Y eso que no te has duchado en toda la semana. Si salieras ahora de la ducha, podría olerte a 100 metros de distancia —dijo Torpón, convencido—, y te digo una cosa: lo único que te separa de la calle son cuatro paredes de dos centímetros escasos de grosor.

Estaba claro que permanecer en Rútindel era encerrarse en un callejón sin salida. No podía vivir recluido en la casa de Torpón de por vida. Y aunque lo intentase, antes o después acabarían por descubrirlo.

El chico quería explicarle a Torpón que todo era tan simple como dejarlo marchar. No quería ni imaginarse lo histérica que estaría su mamá tras su desaparición. Y su papá estaría que se subiría por las paredes. Seguro que la policía nacional ya estaba buscándolo, su foto habría salido en el telediario y en todas las farolas y los escaparates de su pueblo habría un cartel más o menos como éste:

SE BUSCA
NIÑO DE 7 AÑOS.
Responde al nombre de Santiago.
1,20 m de estatura,
pelo castaño y ojos marrones.
Si conoce su paradero, póngase en
contacto con la señora Francisca
(su apenada madre)
a través del 96 677 20 39.

—Si todo fuera tan fácil como llevarte a casa… —dijo el ratón, que debía de estar pensando lo mismo que Santi—. Pero las reglas de Rútindel dicen muy clarito que, después de haber visto a uno de los herederos del ratón Pérez, ningún niño debe regresar a casa hasta que el consejo de ancianos lo considere oportuno.

—¡Pero mi situación es distinta! —protestó Santi, en un intento de convencerlo—. ¡Cómo van a decidir cuándo estoy preparado para regresar si ni siquiera saben que estoy aquí!

—Si no he avisado ya de tu llegada —le aseguró el ratón—, es porque es un asunto delicado y arriesgado. Tal y como están las cosas, a los ratones les aterraría vivir cerca de ti. Exigirían que se te mantuviera alejado para que no atrajeses a las ratas.

—Pero, a lo mejor, el consejo de ancianos encontraría una solución segura para todos —insistió Santi.

—Quizás —dijo el ratón, pensativo—. El consejo de ancianos está formado por los ratones más sabios de Rútindel. Así que es posible que…

—¿Qué?

—Nada. Comunicar tu llegada no puede traernos nada bueno.

—Pero ¿por qué?

—Porque hasta los más sabios, cuando tienen miedo, pueden tomar decisiones drásticas y equivocadas.

Santi esperó a que el ratón sonriese o le guiñase un ojo. Pero nada de esto ocurrió. Por el contrario, Torpón continuó con el ceño fruncido, y entonces Santi comprendió que, desgraciadamente, hablaba en serio.

Capítulo ocho

No había una sola parte del cuerpo de Santi que no temblase. Basta con decir que sus dientes, más que dientes, parecían castañuelas. Pero no sólo temblaba de miedo, sino que además estaba helado. Y es que todavía llevaba puesto el pijama, y no era precisamente un pijama calentito.

Al momento, Torpón apareció con una gabardina roja y con un pergamino amarillento, como si de un mapa de piratas se tratara.

—Ponte esto, blandengue —le dijo Torpón, tendiéndole la gabardina—. A lo mejor, te ayuda a dejar de temblar.

—¿Es tuya? —le preguntó Santi.

Torpón negó con la cabeza.

—Un chico que estuvo en Rútindel hace más de sesenta años se la dejó olvidada. Pero no creo que vuelva a reclamarla, así que puedes quedártela. Y ahora, siéntate. Quiero enseñarte algo.

Torpón entonces desplegó el papel. Tenía toda la pinta de ser antiquísimo. Un sello estampado en la parte superior del pergamino decía: «Consejo de ancianos de Rútindel». A continuación: «Listado de niños que, por el inconcebible error de haber visto a uno de los herederos del ratoncito Pérez, han debido habitar en Rútindel hasta alcanzar la edad de la razón».

Veintiún nombres figuraban en la lista. El chico estaba tan intrigado que los

leyó todos y cada uno de ellos: Roald Dahl, Eloise Bleser, Luis Coloma, Anna Genau, Shin-yang..., Julián Navarro del Alce. ¿¿Cómo?? Santi no daba crédito. Tres veces volvió a leer este último nombre para cerciorarse de que sus ojos no lo traicionaban. ¡El último nombre de la lista era el nombre de su abuelo! Ahora comprendía por qué el abuelo Julián era el único adulto que creía de verdad en el ratoncito Pérez

—¿Quieres mirarle la etiqueta a tu gabardina? —sugirió Torpón.

Santi hizo lo que el ratón le había indicado y, acto seguido, enmudeció. Sobre la etiqueta de la gabardina roja estaban bordadas las iniciales «JN».

—Pero ¿qué hizo el abuelo Julián para acabar en Rútindel? —preguntó Santi, confundido.

—Exactamente lo mismo que tú. Abrir los ojos cuando no debía y pillar a uno de los ratones en plena misión.

—¡Increíble! —dijo Santi, sin dar crédito a lo que oía.

Y eso no era todo. Cada nombre iba seguido de dos fechas. Según le explicó Torpón, la primera se correspondía con el año en el que los niños habían llegado a Rútindel y, la segunda, con el año en el que se les había permitido regresar a su casa.

Junto al nombre de su abuelo, figuraban las fechas: «1940-1945». ¡Cinco años había estado su abuelo Julián en Rútindel! Santi estaba aturdido. Hasta ese momento, le había parecido que todo aquello era un sueño del que a la mañana siguiente despertaría, una aventura inolvidable que pronto acabaría. Pero, al parecer, las cosas no funcionaban así en Rútindel. Santi miró desesperado a Torpón. Descubrir que los ratones habían retenido a su abuelo durante tanto tiempo le había sentado como un rayo y no pensaba pasarlo por alto sin que Torpón le diese una explicación.

—¡Lo que vosotros hacéis es secuestrar a los niños! —se atrevió a decir.

—¡Audaz acusación, muchacho! Pero te aseguro que todas las personas que figuran en la lista pasaron en Rútindel los mejores días de su vida. Y si no me crees, acompáñame y verás.

Capítulo nueve

El ratón se levantó de un brinco y se dirigió a la puerta. Por un momento, Santi pensó que iban a salir, pero Torpón simplemente le señaló la mirilla de la puerta y lo animó a echar un vistazo a la calle. Santi guiñó un ojo y con el otro miró a través del pequeño cristal circular.

—¿Qué ves? —le preguntó Torpón, al cabo de un rato.

—Pues veo una calle con casas, todas de color blanco, una plaza a la derecha y ratones que andan de acá para allá.

—Bien, ahora mira a tu izquierda y dime si lo único que ves son casas.

—Bueno. Si miro muy al fondo, veo un edificio altísimo que parece un rascacielos.

—Exacto, la fábrica de juguetes. Probablemente, la mayor fábrica de juguetes del mundo.

A Santi se le iluminaron los ojos al imaginarse todas las plantas de aquel edificio enorme repletas de juguetes.

—De esa fábrica salen todos los días toneladas de juguetes —añadió Torpón— y, como podrás imaginar, sus destinatarios son los niños que creen en el ratoncito Pérez.

—¿Niños de todo el mundo? —preguntó Santi, con los ojos saliéndosele de sus órbitas.

—Correcto. Hacemos juguetes de todo tipo. Incluso juguetes que, seguramente, no habrás visto nunca, porque es probable que en España ni existan. Santi estaba atónito. Por un instante pensó que no podría existir un lugar más maravilloso en el mundo que aquella fábrica de juguetes.

—¿No me digas que nunca has soñado con vivir en una fábrica de juguetes? —siguió diciendo Torpón—. Pues tu abuelo y el resto de los niños de esa lista pasaron un día tras otro en esa fábrica.

—¿Trabajaban allí?

—Se podría decir que sí. El consejo de ancianos los nombró ayudantes de la fábrica de juguetes. Su trabajo consistía en probar los nuevos juguetes que diseñábamos y opinar si eran lo suficientemente divertidos.

—¿Entonces, se pasaban el día, quiero decir, la noche entera jugando?

—Exacto. Su única responsabilidad

consistía en jugar. Y, aparte de dormir y comer, jugar era lo único que hacían.

—Torpón, ¿yo podré visitar la fábrica algún día? —preguntó Santi, llevado por el entusiasmo.

Torpón se quedó pensativo. Cuando meditaba se ponía muy serio y arrugaba el hocico y lo extendía una y otra vez como si fuera un acordeón.

—Por favor —insistió el niño.

—Veremos lo que se puede hacer —dijo Torpón al cabo de un rato.

Lo cual en el lenguaje de los adultos significa: SÍ.

Capítulo diez

Llegó la hora de la cena y Torpón le ofreció otro tazón de cereales. Como había hecho en el desayuno, el ratón se detuvo a mirar los numerosos tarros de cristal y, al cabo de unos minutos, se decidió por un tarro que contenía unos copos dorados.

A Santi éstos le supieron tan insulsos y desabridos como los copos oscuros del desayuno, pero pensó que, tarde o temprano, tendría que acostumbrarse a comer sólo cereales y semillas, porque, al parecer, era lo único comestible que se podía encontrar en la casa del ratón.

Poco a poco, la luz que emanaban las paredes de la casa se iba apagando, lo cual era señal de que afuera el sol debía de estar saliendo y la jornada en Rútindel llegaba a su fin.

Santi no había pegado ojo desde que se despertó del efecto del *somníferum*, y de eso hacía ya tanto tiempo que había perdido la cuenta. Sin embargo, no tenía ni chispa de sueño.

A Santi no le extrañaba en absoluto. Cuando hacía cosas interesantes, no necesitaba dormir. Pero eso es una de las cosas que sólo los niños pueden entender, porque a los mayores no les pasa.

Por ejemplo, cuando ponían en la tele una película de aventuras, su mamá se quedaba frita nada más empezar. Sin embargo, por muy tarde que fuera, Santi ni se acordaba de que tenía que dormir.

Torpón estaba preparando la cama. Y digo «la cama» y no «las camas», porque sólo había una camita estrecha en toda la casa. El ratón había cambiado las sábanas y ahora colocaba sobre el colchón una almohada mullida y confortable. Luego, se la ofreció a Santi.

El chico se metió entre las sábanas sin refunfuñar, pero, una vez dentro, le hizo una propuesta al ratón.

—Tengo mucha curiosidad por saber qué les ocurrió a los otros niños de la lista para acabar en Rútindel. Anda, cuéntamelo —le suplicó, poniendo una voz apenada.

—Esa tal Eloise Bleser y su hermana eran un par de bichos —dijo Torpón, sentándose en la cama, junto a Santi.

—¿Qué hicieron?

—Incumplir las reglas de la forma más

atrevida y detestable que te puedas imaginar.

—Venga, cuéntamelo ya.

—Verás, Eloise era una niña belga con los dientes podridos de comer chocolate. Sus padres eran las personas más ricas del país. Ellos dos solos eran los dueños de más de la mitad de las fábricas de Bélgica. Pero, pese a tener mucho dinero, eran personas buenas y honradas que trataban muy bien a todos los trabajadores de sus fábricas y les pagaban unos sueldos altísimos. Sin embargo, Eloise era una niña prepotente y engreída. Cuando estaba con sus amigas, no hacía más que presumir de las toneladas de golosinas que le compraban sus padres todos los días. Decía que sólo en su casa había más chocolatinas que en todo el continente.

—¡Eso no me lo creo!

—El caso es que nunca estudiaba porque pensaba que, por ser rica, podría vivir toda su vida sentada en un sillón, hartándose de chocolate y sin necesidad de mover un dedo.

—¡Qué tonta era!

—Era la niña más tonta que he visto nunca.

—¡Sigue con la historia, por favor!

—Un día, cuando Eloise tenía ocho años, se le cayó uno de sus dientes ennegrecidos y agujereados y convenció a su hermana pequeña para esperar despiertas al ratoncito Pérez. El plan era el siguiente: tendrían preparadas un par de linternas y, cuando oyeran el más mínimo ruido, las encenderían y pillarían in fraganti al ratón. Era importante que se mantuvieran alertas y vigilantes toda la noche, de manera que acordaron que, si una de ellas se dormía, la otra le daría un pellizco para despertarla.

—¡Vaya par de tramposas!

—Cuando sus padres estaban dormidos, Michèle, que era la hermana pequeña de Eloise, fue a hurtadillas a la habitación de su hermana. Las dos se sentaron en el suelo y esperaron. Nada más oír el chirrido de la puerta, Eloise encendió su linterna y vio al ratón.

—¿Y qué le pasó?

—¿Estás seguro de que quieres saberlo?

—¡Claro que quiero saberlo!

—Hasta quince años después nadie supo nada de la repugnante Eloise.

—¡Se lo tuvo merecido!

—Pero ¿qué ocurrió con su hermana? No aparece ninguna Michèle en la lista.

—Sabía que algo me dejaba en el tintero. La pequeña Michèle se asustó tanto en el último momento que se tapó los ojos con las manos y no vio nada.

Terminado su relato, Torpón se levantó con delicadeza. Se dirigió al salón y se acurrucó en su sillón. «De modo que me ha cedido su cama y él va a dormir en ese incómodo sillón», pensó Santi para sí.

Gracias a ese gesto, Santi averiguó que, por muy gruñón y malhumorado que pareciera a veces, Torpón era un buen tipo y, con ese pensamiento, despidió nuestro amigo su primer día —o su primera noche, según se mire— en el mundo de los ratones.

Capítulo once

Cuando Santi se despertó, Torpón ya no estaba en el sillón. El chico estuvo buscándolo por toda la casa sin resultado. Pero, en su lugar, encontró en la mesa del salón un sobre que decía: «Para Santi». El chico lo cogió y lo abrió, nervioso. En su interior, había una carta escrita con una letra horrenda. Con las manos temblorosas, Santi empezó a leerla.

Querido Santi:

He tenido que salir a trabajar. Creo que ayer olvidé decirte que trabajo en la fábrica de juguetes. Concretamente en la sección de OBSERVAMARCIANOS.

Estaré de vuelta antes de que amanezca. Hasta entonces no abras la puerta a nadie. Y, por supuesto, no salgas de la casa bajo ningún precepto. Recuerda que no debes levantar sospechas.

¡Ah! Te he preparado un tazón de copos de avena.

Torpón

A Santi le entusiasmaba la idea de que Torpón trabajase en la fábrica de juguetes. Lo que no le hacía ni pizca de gracia era tener que quedarse solo toda la noche. No porque tuviera miedo, sino porque iba a aburrirse como una ostra y no había nada en el mundo que le gustase menos que aburrirse.

Para entretenerse, Santi se puso a hacer la cama y se sentó a la mesa decidido a comerse, como fuera, los copos de avena. No obstante, una vez hubo acabado, pensó que no tenía ningún plan previsto para el resto del tiempo. Pero, en ese preciso instante, oyó un sonido estrepitoso que procedía de la calle. No hacía falta tener el oído de un ratón para darse cuenta. El chico se dirigió a la puerta para espiar por la mirilla y averiguar qué significaba aquel alboroto.

Capítulo doce

Para su sorpresa, un ratón con una especie de capa verde y dorada daba vueltas a la plaza tocando una trompeta y anunciando a los cuatro vientos: «¡Asamblea general! ¡Asamblea general!»

Aquello era digno de ver. Salían ratones de todas partes a la calle con sillas bajo el brazo y las iban colocando alrededor de la plaza. En cuestión de segundos, allí había más ratones congregados que espectadores en una función de circo.

En las cuatro esquinas de la plaza, se encontraba un ratón vestido con un uniforme rojo, haciendo guardia. Cordones dorados y varios escudos colgaban de sus chaquetas. No obstante, esos ratones, más que guardias parecían estatuas, pues estaban muy erguidos y no se les movía ni un bigote del hocico.

Al cabo de unos minutos, el pregonero dejó de tocar la trompeta y dijo:

—Queda inaugurada la asamblea general.

En ese momento, las miradas de los ratones se concentraron en un ratón elegantemente vestido, que estaba sentado justo en el centro de la plaza, en un sillón majestuoso. Parece mentira que un ratón pueda imponer respeto; pero éste lo hacía. Era un ratón extraordinariamente gordo y con un enorme bigote cuyos extremos se enrollaban a ambos lados como dos espirales.

Seguidamente, el ratón del bigote dijo a viva voz:

—Con todo mi pesar, he de comunicaros que hemos sufrido una baja en Colorado, Estados Unidos —dicho esto, hizo una pausa—. Uno de nuestros ratones-espías se encontraba vigilando a una niño de seis años al que empezaba a movérsele un colmillo. Nuestro amigo salía de su escondite para volver y comunicarnos la buena noticia, cuando la madre del niño lo descubrió y empezó a dar gritos, histérica. El pobre murió de un escobazo que le propinó el marido.

Por un momento, se hizo el silencio. Los ratones estaban conmovidos ante la desgracia. No era la primera vez que un ratón-espía moría a causa de una trampa, de veneno para ratones o de algún otro método cruel, de los que utilizaban los humanos para exterminar a los ratones. Pero un escobazo era tan doloroso...

—El siguiente punto del día —prosiguió el ratón— son nuestras indeseables vecinas, las ratas de Róndor —sin duda, el tema interesaba a los ratones, pues todas las orejas se pusieron de punta—. Durante los últimos diez días —anunció el ratón—, 41 intrusas han irrumpido en Rútindel —por toda la plaza se oyeron exclamaciones de asombro—, pero 35 han sido detenidas por la guardia roja. Sólo seis ratas lograron su objetivo, por lo tanto —concluyó—, seis casas han sido asaltadas desde que celebramos la última asamblea.

Los ratones se quedaron consternados. A través de la mirilla de la puerta, Santi veía sus caras de miedo y preocupación. La situación era verdaderamente seria.

A continuación, varios ratones levantaron la mano para pedir la palabra y el ratón del bigote les fue dando permiso para hablar, por turnos.

De una forma u otra, todos los ratones pidieron que se aumentase la vigilancia. Pero el problema era cómo conseguir más guardias.

Un ratón de pelo blanco pidió la palabra y propuso:

—La mitad de los trabajadores de la fábrica podría dejar de hacer juguetes por un tiempo y dedicarse a vigilar las calles. Así, menos ratas conseguirían asaltar nuestras casas.

Pero, seguidamente, un ratón menudo y esmirriado, con las orejas muy grandes, dijo:

—Protesto. Los niños no tienen la culpa de lo que ocurre en Rútindel. No es justo que sigan regalándonos sus dientes y nosotros no tengamos suficientes juguetes para todos.

Este ratón era Torpón. Santi había reconocido su voz y estaba muy orgulloso de él. No obstante, la solución del ratón blanco era la única que se había propuesto y, tal era la desesperación de los ratones que, con tal de sentirse seguros, estaban dispuestos a cualquier cosa.

Entonces el ratón del bigote, que resultó ser el representante del pueblo, anunció:

—Presentaré esta propuesta al consejo de ancianos y, en un plazo de dos días, nuestros sabios gobernadores decidirán si la aprueban o no. ¿Alguna otra cuestión que tratar?

Una señora ratón con un ridículo vestido de flores y un enorme rulo en la cabeza apuntó:

—Ayer, Narizotas me comentó que olía raro.

De inmediato, Santi identificó a la señora Metomentodo y se echó a temblar de miedo. Estaba demostrado que esa cotilla no se callaría hasta que lo encontrasen.

Otros ratones de la asamblea preguntaron, asustados, si acaso Narizotas había percibido el aroma a chicle de fresa ácida tan típico de los niños. Pero el ratón del bigote, en lugar de darle de nuevo la palabra a Metomentodo, preguntó por Narizotas. Por suerte, el ratón se había marchado a Portugal en busca de un diente que había empezado a movérsele a una niña.

Por este motivo, el representante del pueblo dejó suspendida la cuestión hasta que Narizotas volviera de Portugal, y así terminó la asamblea. Una vez más, el pregonero apareció con su trompeta y anunció que todos los ratones debían volver al trabajo.

Capítulo trece

Santi se quedó muy preocupado. Jamás se hubiera podido imaginar que Rútindel estuviera amenazado hasta tal punto. Ahora tenía claro que no podía quedarse de brazos cruzados mientras los ratones estuvieran en peligro.

Al poco rato, Torpón volvió del trabajo. Nada más entrar por la puerta, dejó en el suelo un par de bolsas que traía en las manos y empezó a dar vueltas por la casa, como hacía cuando estaba loco de contento.

—¿Todavía tienes interés en conocer la fábrica? —le preguntó, con mucho entusiasmo.

A Santi se le iluminaron los ojos.

—Porque... había pensado... que, ahora que el fino olfato de Narizotas se encuentra a miles de kilómetros, es el momento oportuno para hacer una excursión al paraíso de los juguetes.

Santi no pudo contener la emoción y él también empezó a dar botes de alegría.

—Pero antes —continuó diciendo Torpón— tenemos que reponer fuerzas y, para ello —dijo sacando un paquete de cada bolsa—, he comprado un queso francés y un tarro de mermelada de albaricoque que está para relamerse los bigotes. ¡Qué digo! Para chuparse los dedos y volvérselos a chupar hasta que estén más arrugados que una pasa.

Los dos se echaron a reír. Prepararon la mesa y se dieron una copiosa comida a base de queso y mermelada.

—Ahora —dijo Torpón— viene la parte más divertida. ¡El disfraz!

Dicho esto, el ratón se metió en su superarmario y, al cabo de un par de minutos, salió embutido en un abrigo de detective gris que le llegaba hasta los pies. También llevaba puesto el pasamontañas negro con el que, hacía una semana, había entrado en la habitación de Santi. Y la verdad es que le venía que ni pintado para camuflarse.

—Tú —dijo el ratón, arrugando el hocico, como hacía siempre que pensaba— ve a buscar tu gabardina.

—Pero, si he entendido bien —musitó Santi, confundido—, se trata de pasar desapercibidos, y el rojo de la gabardina no es precisamente... discreto.

—Tú hazme caso y trae la gabardina —reiteró el ratón.

Cuando Torpón tuvo la gabardina roja en las manos le dio la vuelta.

—Póntela ahora —le dijo a Santi, tendiéndole la prenda.

El chico obedeció y se puso la gabardina del revés. Torpón había tenido una idea magnífica porque, con la gabardina del revés, lo que quedaba a la vista era una tela gris oscuro.

Por último, el ratón le ofreció un pasamontañas idéntico al suyo. Los dos se miraron en el espejo y se guiñaron el ojo, muy orgullosos del resultado. Lo cierto es que, con dicha indumentaria, era imposible distinguir quién era el ratón y quién era el niño.

Las paredes habían dejado de irradiar luz, lo cual quería decir que el sol ya estaba fuera y los ratones, supuestamente, en sus camas. Era el momento de salir. El corazón de Santi palpitaba muy rápido.

La calle, efectivamente, estaba desierta. De todos modos, el ratón y el chico tomaron precauciones y anduvieron escondiéndose tras los árboles de la calle y con los oídos muy atentos.

Caminaron montaña abajo sin encontrar a nadie a su paso y giraron después a la izquierda, hasta que descubrieron al final de la calle un edificio que, de tan alto, acariciaba las nubes.

Un ratón uniformado de rojo vigilaba la entrada. Santi sabía que ese uniforme pertenecía a la guardia roja y sus ilusiones se desvanecieron al pensar que, mientras el guardia permaneciera en su puesto, no podrían entrar en la fábrica. Pero Torpón, que lo había previsto todo, se echó al suelo e indicó a Santi que imitara todos sus movimientos. Arrastrándose, llegaron a una esquina donde los rayos del sol caían con mucha intensidad.

Torpón, con movimientos rápidos y una sonrisa pícara en la cara, sacó de su bolsillo un puñado de muñequitos de cuerda de apenas dos centímetros de alto. Se trataba de seis o siete ratas de plástico con un largo y horrendo rabo. El ratón colocó una de ellas en el suelo y le dio cuerda, de modo que la rata empezó a moverse de un lado para otro.

Reptando como las serpientes, Torpón fue colocando el resto de los muñequitos de plástico al sol y, cuando hubo terminado su trabajo, le dijo a Santi:

—Ahora sólo tenemos que esperar a que ese guardia tontorrón se percate de las sombras de las ratas.

En ese momento, Santi descubrió que sobre el suelo se proyectaban las som-

bras de unas ratas en movimiento. Pero lo más espeluznante era que cada sombra parecía tres veces más grande que él y todas corrían moviendo sus asquerosos rabos. Por unos instantes, la visión de las sombras le puso los pelos de punta. Pero enseguida adivinó que allí no había ninguna rata, sino que eran las sombras de los muñecos de plástico, agrandadas por la luz del sol.

Lo cierto es que esa escena horrorizaría a cualquiera, y el vigilante de la fábrica fue la primera víctima del engaño. Espantado, el pobre no tuvo valor para ponerse en acción y salió corriendo, tan rápido como pudo, dejando vía libre a Santi y al astuto ratón.

Capítulo catorce

Desde fuera, la fábrica era imponente. Con sólo ver los colosales portones, uno ya quedaba maravillado. Pero si elevaba la vista, lo que descubría era tan extraordinariamente fabuloso que los ojos se abrían a más no poder, y era imposible articular palabra. La asombrosa fábrica con forma de cilindro se elevaba hasta el cielo y se perdía entre las nubes. Pero lo más sorprendente es que toda ella estaba construida con dientes de niño.

Por un momento, Santi trató de imaginarse cuántos dientes de leche habrían necesitado para construirla y llegó a la conclusión de que ni con todos los dientes de todos los niños de España habría bastado.

Torpón abrió las puertas, y ante sus ojos apareció una sala circular con una preciosa escalera blanca de caracol.

—La escalera tiene 999 plantas y en cada planta se encuentra una sección —dijo Torpón—. Por ejemplo, en la primera planta, está la sección de BICICLETAS AL GUSTO, y yo trabajo en la última planta, que es la sección de OBSERVAMARCIANOS.

—¿Quieres decir que toda la fábrica está construida en vertical? —dijo Santi, sorprendido.

—Naturalmente. La razón es muy sencilla. Si hubiéramos construido la fábrica en horizontal, no cabría en Rútindel. Y si cupiese, desde luego, no habría espacio para los jardines ni para la plaza, ¡y qué decir del bosque! ¡Se hubiera ido todo a pique! Pero el cielo, amigo mío, es infinito. No hay nada más grande que el cielo. Así que, ¡qué mejor sitio que el cielo para hacer la fábrica más inmensa del mundo!

—Es muy buena idea —admitió Santi—. Los humanos también hacemos rascacielos en las grandes ciudades. En Nueva York y en Hong Kong, hay uno al lado del otro, y cada rascacielos es como una pequeña ciudad.

—Sí, ya lo sé. Pero me da un poco de risa porque esos rascacielos de los que me hablas no tienen más de cien años, y nosotros empezamos a construir nuestra fábrica hace cerca de un milenio. Pero, basta de charla —exclamó Torpón, con entusiasmo—, porque supongo que tendrás ganas de probar la escalera, ¿no?

—¡Me muero de ganas! —dijo Santi.

—Pues adelante. Es muy fácil. Sólo tienes que subir el primer escalón y ella se encarga del resto.

La escalera de caracol empezó a moverse. Dieron un giro y otro más. Era muy divertido. Pero seguramente muy pocos adultos serían capaces de subir en ella porque, pasadas las dos primeras vueltas, ya estarían mareados.

—Estamos llegando a la primera planta —anunció Torpón, de inmediato—, que es donde se encuentra la sección de BICICLETAS AL GUSTO.

—¡Pues vamos a verla! —dijo Santi, entusiasmado.

En la primera planta, la escalera se detuvo.

—Es una sección magnífica donde las haya —apuntó Torpón—, porque no sólo fabricamos bicicletas normales. Un niño argentino nos dijo una vez que montar en bicicleta era un aburrimiento porque la bicicleta estaba pensada para que la montase una sola persona. Entonces diseñamos un modelo de bicicleta en el que había asientos suficientes para todo un grupo de amigos.

—¿Cómo puede ser eso? —preguntó Santi, extrañado.

—Es lo más simple del mundo —dijo Torpón, con toda naturalidad—. Seguimos añadiendo ruedas y asientos en la parte de detrás, de modo que sólo el niño que vaya el primero maneja el manillar, pero todos pedalean. Normalmente hacemos bicis para seis y para ocho niños, pero alguna vez hemos fabricado alguna de veinte asientos.

—¡Increíble! ¡Con una de ésas podría

ir de excursión toda mi clase y no necesitaríamos autobús! —exclamó Santi, alucinado.

—Imagino que te encantaría visitar la sección de BICICLETAS AL GUSTO, pero debes saber que necesitaríamos cerca de un mes para ver la fábrica al completo y sólo disponemos de una noche, de modo que tienes que ser selectivo —le aconsejó el ratón —. Pararemos sólo en las secciones que más te interesen.

—Humm. ¿Qué hay en la sección número 2?

—ZAPATILLAS SALTARINAS.

—¿Y eso qué es?

—Pues unas zapatillas que te permiten saltar tan alto que puedes salir disparado por la ventana.

—¡Eso no puede ser verdad!

—Sí que lo es. Además, una vez me

contaron que un niño alemán que tenía unas ZAPATILLAS SALTARINAS había conseguido saltar de la cima de una montaña a otra. Pero si alguna vez te encuentras unas y te las pones, practica un poco antes de saltar montañas, porque son un poco alocadas, y tienes que aprender a controlarlas.

—¡Guau! Tener unas zapatillas saltarinas sería genial.

—Supongo que sí, pero no tanto como tener un OCULTATRAVESURAS.

—¿Y eso para qué sirve?

—El OCULTATRAVESURAS se fabrica en la tercera planta y es un asombroso artilugio, ¡ya lo creo! Todos los niños lo adoran, porque —Torpón comenzó a susurrar al oído del niño como si estuviera haciéndole partícipe de un gran secreto— el OCULTATRAVESURAS permite hacer la más excéntrica de las travesuras, sin levantar en los padres la más mínima sospecha.

—¡Vaya! —exclamó Santi, con una gran sonrisa—. ¿Y con ese aparato también se pueden hacer cosas prohibidas, como saltar en la cama?

—¡Claro que sí! El mecanismo es muy sencillo. Supongamos que un niño tiene muchas ganas de saltar en la cama, pero no puede hacerlo porque su madre está justo en la habitación de al lado. Lo único que tendría que hacer es meterse el OCULTATRAVESURAS en el bolsillo y encenderlo. Con el OCULTATRAVESURAS en marcha, el niño podrá saltar en la cama, hasta que no pueda mover ni un solo músculo de su cuerpo y a pesar de ello su madre no se enterará.

—Creo que el OCULTATRAVESU-

RAS es el invento más fascinante que se ha fabricado jamás —confesó Santi, aún más alucinado.

—Como ves, en nuestra fábrica ideamos los juguetes más divertidos del mundo. ¿Y sabes por qué? —preguntó el ratón.

Santi negó con la cabeza.

—¡Porque son juguetes salidos de la imaginación de los niños!

—¡Así que estos juguetes los inventaron mi abuelo Julián y los otros niños de la lista! —exclamó Santi, que no cabía en sí de asombro.

—Los mismos. Los ratones se lo debemos todo a los niños. Ellos nos describían cómo debía ser el juguete con el que siempre habían soñado y nosotros lo fabricábamos.

—¡Increíble!

—¡Ya lo creo...! Pero te voy a decir

una cosa: los adultos bobalicones que trabajan en las fábricas de juguetes deberían dejar que los niños diseñasen los juguetes. ¡No hay nadie que entienda más de juguetes que vosotros! Pero vayamos a lo que nos interesa, ¿te has decidido ya por una sección?

—La verdad es que no. Es una elección muy difícil.

—¡Tengo una idea! —exclamó el ratón—. ¿Quieres que empecemos por visitar la sección más increíble de todas?

—¿Mejor que las ZAPATILLAS SALTARINAS?

—¡Mucho mejor! ¡Infinitamente mejor!

—¡Pues vamos allá!

—Pero debo advertirte que es un largo viaje porque vamos a la planta 999.

—¿A la sección de OBSERVAMARCIANOS?

—¡Por supuesto!

La escalera comenzó a moverse de nuevo. Esta vez, a Santi aún le pareció más divertido porque, a medida que subían una planta y otra, la escalera iba ganando velocidad. La sensación sólo era comparable a lo que siente uno cuando va montado en una atracción de feria.

En un momento dado, a Santi incluso le pareció que olía a golosinas. Como en la feria hay puestos de algodón dulce y regaliz en todas las esquinas, Santi pensó que habría sido fruto de su imaginación. Pero, a medida que iban subiendo, el delicioso aroma a regaliz aumentaba.

—¿De dónde viene ese olor? —preguntó Santi para salir de dudas.

—¿Te refieres al olor a regaliz? ¡Me estaba preguntando dónde habrías metido la nariz para no notarlo! —contestó el ratón—. Huele a golosina porque limpiamos hasta la más mínima pieza de la fábrica con esencia de regaliz.

—¡Vaya! Jamás había oído una cosa así —confesó Santi.

—A los ratones nos repugna el hedor a humo que despiden las fábricas. Así que, para acabar con ese apestoso olor, pensamos en el olor más agradable que existe en la Tierra. Sin duda, no hay nada que huela mejor que el algodón dulce, las piruletas, las palomitas y, por supuesto, ¡el regaliz!

Por fin, la escalera se detuvo en la planta 999. Enfrente, había una puerta blanca con una placa de metal que decía:

«PLANTA 999:
SECCIÓN DE
OBSERVAMARCIANOS»

Capítulo quince

Torpón sacó de su mochila un llavero y estuvo rebuscando entre las llaves hasta que encontró la que abría la puerta de la sección de OBSERVAMARCIANOS. La introdujo en la cerradura y giró un par de veces.

Nada más entrar, descubrió que en la sala no había techo alguno, sino que sobre sus cabezas se extendía el mismo cielo. De tan elevados que estaban, parecía que flotasen. Mirasen donde mirasen, todo lo que veían era una inmensidad de color azul moteada por nubes de algodón blanco. Incluso, si miraban hacia abajo, veían nubes que pasaban por debajo de ellos.

Cuando Santi se acostumbró a las fascinantes vistas, se le ocurrió echar un vistazo a su alrededor. Entonces descubrió que, sobre el suelo de la terraza, a diestro y siniestro, había telescopios que apuntaban al cielo. Esta sección era un auténtico observatorio espacial.

—¡Qué barbaridad! ¡Cuántos telescopios! —dijo Santi, admirado.

—¡Eso no son telescopios, tontorrón! ¡Son asombrosos, increíbles, fascinantes OBSERVAMARCIANOS! —exclamó Torpón, orgulloso.

—¿Cómo?

El viento soplaba tan fuerte a tal altura que el único modo de hacerse entender era hablando a gritos.

—Los telescopios —dijo Torpón, a

pleno pulmón— son aparatos inútiles porque lo único que te enseñan son esferas diminutas, insignificantes, que no parecen planetas.

—¿Quieres decir que no se ve lo mismo con un telescopio que con un OBSERVAMARCIANOS? —preguntó Santi, intrigado.

—¡Por supuesto que no! ¡Está claro que no! —exclamó el ratón, hecho una furia—. Un OBSERVAMARCIANOS es cien, qué digo cien, mil veces más potente que un telescopio. Cuando uno divisa Marte con un OBSERVAMARCIANOS, no ve sólo una esfera roja que flota en la nada, sino que ve más allá. Puede observar a los habitantes de Marte y conocer el mundo construido sobre el planeta rojo.

—¡Pero eso no puede ser! —replicó

Santi—. ¡Lo que dices contradice a la ciencia!

—¡Pamplinas! ¡Idioteces!

—Hubo un tiempo —siguió insistiendo el niño— en el que se creía que existía vida en Marte, pero los mejores científicos del mundo han comprobado que no es así.

—¡Científicos de pacotilla! —se burló Torpón—. Escucha, ahora mismo empezará a ponerse el sol. Entonces te dejaré mirar a través de un OBSERVAMARCIANOS y tú mismo te convencerás.

Al poco tiempo, el sol comenzó a perderse en el horizonte. Torpón estuvo mirando a través de un OBSERVAMARCIANOS plateado y buscó en el firmamento el planeta Marte. Una vez enfocado el aparato y graduada la lente, le propuso a Santi que echara un vistazo.

Lo primero que vio Santi fueron unos casquetes de hielo enormes que surgían de la Tierra. Pero, por más que fijaba la vista, no parecía haber ninguna señal de vida en ese universo helado. Cada vez más convencido de que Torpón estaba chiflado, Santi dejó a un lado el aparato.

—Lo único que se ve es hielo, hielo y más hielo —exclamó Santi.

—¿Estás seguro de lo que dices? —apuntó Torpón, con picardía—. Mira un poco más abajo.

A regañadientes, Santi accedió a mirar de nuevo y, cuando tuvo localizados los glaciares, bajó un poquito la lente. El paisaje era completamente distinto, tenía que reconocerlo. No había ni rastro de hielo, y la tierra tomaba ahora un color entre marrón y rojizo. Bajó la lente un

poquito más, y entonces vio algo maravilloso. Toda una ciudad se extendía ante sus ojos. Incluso llegó a distinguir las calles. Pero ¿qué era eso que volaba por encima de los edificios? Santi aguzó un poquito más la vista y observó que una especie de aviones diminutos sobrevolaban la ciudad. Pero no había uno ni dos, sino cientos de ellos. En un momento dado, uno de los aviones a los que Santi iba siguiendo la pista aterrizó y continuó su marcha por las calles de la ciudad.

—Imagino que esa cara de asombro se debe a que has descubierto los coches voladores —le dijo Torpón—. ¿Te has preguntado, por casualidad, quién los conduce?

En ese momento, concentró la vista en la ventanilla de uno de los coches voladores. Pero, por más que lo intentaba,

por más que entornaba los ojos, su vista no alcanzaba a ver la cara del marciano. De repente, la voz de Torpón lo alertó.

—¡Es tarde, Santi! ¡Debemos irnos ya!

Con mucha pena, Santi dejó el OBSERVAMARCIANOS y obedeció. Sabía que, probablemente, jamás volvería a ver una cosa así. Sin embargo, era consciente de que ya era completamente de noche y tenían que salir de allí cuanto antes.

Capítulo dieciséis

Estaban bajando por las escaleras mecánicas cuando, de repente, las orejas de Torpón se irguieron.

—¡Rápido! ¡Tenemos que detener la escalera! —gritó, mientras buscaba desesperadamente el botón de emergencia.

—¿Qué ocurre?

—Los primeros trabajadores han llegado a la fábrica —dijo, llevándose las manos a la cabeza—. Ahora mismo, los estoy oyendo tan claramente como te oigo a ti. ¡Deben de estar muy cerca!

La escalera obedeció a la orden de parar. Santi y Torpón salieron apresuradamente y abrieron la primera puerta que encontraron. Sobre la placa de metal, Santi pudo leer:

«PLANTA 445.
SECCIÓN DE INVENTOS»

Afortunadamente, la sala estaba vacía; por lo menos, hasta donde les alcanzaba la vista. Una hilera de mesas la atravesaba y, junto a la pared, había varias estanterías, todas repletas de materiales y artilugios muy diversos.

Santi y el ratón miraron de reojo, pero no encontraron ningún biombo tras el que esconderse, ni ningún armario abierto en el que meterse. El único escondite posible era debajo de las mesas, de modo que fueron a parar allí.

Sin embargo, en cuanto Santi estuvo escondido, Torpón le susurró:

—No te muevas de aquí. Con todo el polvo que hay acumulado en esta sala no podrán olerte. Al finalizar la jornada, vendré a buscarte.

Santi no tuvo tiempo de rechistar, pues antes de que abriera la boca, Torpón había dejado en el suelo su gabardina y su pasamontañas y había desaparecido de su vista.

Segundos después, el ruido de unos pasos lo alertó de que alguien estaba entrando en la sala. A continuación, unas voces, que empezaron siendo un murmullo, se fueron acercando. Santi tenía miedo de que algún trabajador lo olfatease. Lo cierto es que el olor a polvo era muy intenso, pero el niño había aprendido que nunca se debía subestimar el olfato de un ratón. No obstante, por el momento, no podía hacer más que esperar en silencio y tratar de escuchar lo que decían los ratones.

—Últimamente, no inventamos más que juguetes aburridos —lamentó un ratón.

¡Si pudiéramos volver a pedir opinión a los niños!

—¡Sí! Los niños tienen ideas maravillosas.

—Pero en los últimos dos años no ha llegado ni un solo niño a Rútindel.

—¡Ojalá venga pronto alguno!

—¡Os habéis vueltos locos! —alguien espetó.

El silencio se hizo en la sala. Había hablado un ratón muy anciano, puesto que esa voz débil y quebradiza pertenecía sin duda a alguien que había vivido muchos años. Con cuatro palabras, no más, este ratón había conseguido silenciar a la multitud, que esperaba sigilosa a que el respetado anciano prosiguiese.

—¿Sabéis el peligro que supondría tener un niño correteando por nuestra fábrica, por nuestras calles, por nuestras casas? ¡Las ratas acudirían como moscas!

Desde su escondite, Santi no podía ver más que un cúmulo de zapatos que rodeaban al orador. Pero la turbación se sentía en el ambiente. El desconcierto se había apoderado de la muchedumbre.

—¡Podéis dar por hecho —prosiguió el ratón— que el consejo de ancianos jamás lo consentiría! Y os digo más, si por casualidad un niño llegase a Rútindel, no tendría más remedio que pasar una temporada en el calabozo que tenemos bajo tierra.

De modo que Torpón tenía razón. A eso se refería cuando dijo que el consejo tomaría decisiones drásticas. Estaba claro que lo último que deseaban los ratones en ese momento era tener un niño cerca.

En tales cosas estaba pensando Santi cuando, de repente, ocurrió algo inesperado. Unas motas de polvo se habían colado por sus orificios nasales y amenazaban con salir en forma de estornudo. Todo comenzó con un leve picor de nariz, pero, enseguida, el tormentoso cosquilleo se hizo insoportable. Con tal de evitar una desgracia, Santi se tapó la nariz. Pero temía que no pudiera contenerse mucho más tiempo.

La suerte, no obstante, estaba de su parte porque, de repente, sonó un timbre. Ante la señal, los ratones comenzaron a recoger los trastos de las mesas y a colocarlos en las vitrinas. El alboroto que se armó de artilugios para acá y para allá convenció a Santi de que era su oportunidad. Ahora o nunca. El chico metió la cabeza en la gabardina y estornudó.

A continuación, Santi no se atrevía ni a respirar. Los ratones, que seguían con su traqueteo, no parecían haberse percatado y, si habían oído el estornudo, desde luego, pensaron sin más que habría sido uno de ellos.

Poco a poco, los ratones fueron abandonando la sala y, cuando se quedó solo, Santi respiró tranquilo por primera vez en esa noche.

Capítulo diecisiete

Al cabo de unos minutos, la puerta se abrió de par en par, y apareció Torpón.

—¿Sigues ahí? —murmuró.

Santi asomó la cabeza con dificultad. No había cambiado de posición durante horas y tenía todos los músculos del cuerpo agarrotados.

—Puedes salir. No queda nadie en la fábrica.

El chico se incorporó y Torpón, nada más verlo, se echó a reír.

—¿Se puede saber qué te hace tanta gracia? —exclamó Santi, molesto.

—¿Hablo con el deshollinador? —bromeó Torpón—. ¿O acaso trabajas en una mina de carbón? —y seguía desternillándose de risa.

Lo mirases por donde lo mirases, Santi estaba literalmente negro. Una capa de polvo cubría cada milímetro de su cuerpo. Ni hecho a propósito hubiera logrado abarcar más suciedad. Verdaderamente asombroso.

Entonces a Santi se le ocurrió una idea extraordinaria.

—Mientras esté cubierto de polvo, nadie podrá detectar el olor a chicle de fresa. Así que podemos volver a casa con toda tranquilidad —le explicó Santi, entusiasmado.

—Ciertamente, chico, tienes más cerebro del que pensaba. Pero démonos prisa. Saldremos de la fábrica como dos trabajadores más. No tienen por qué sospechar de nosotros. Sólo hace cinco minutos que salió la avalancha de empleados. Podemos pasar por dos más que se han retrasado.

—Sólo hay un pequeño problema —alegó Santi—. Si hay un guardia en la puerta, ¿no se dará cuenta de pequeños detalles como que no tengo las orejas puntiagudas, pelo en el cuerpo, ni rabo?

—¿Es que te has olvidado de tu disfraz? Por cierto, ¿dónde están mi gabardina y mi pasamontañas?

El disfraz de Torpón seguía debajo de la mesa. Santi, simplemente, lo llevaba puesto desde el día anterior. Una vez estuvieron los dos listos, salieron de la sección y montaron en las escaleras mecánicas de caracol.

—¿Y no le parecerá sospechoso al guardia que vayamos vestidos con esta pinta? —siguió insistiendo Santi, que no podía esconder su preocupación.

—No le va a parecer raro, porque estamos en pleno invierno y hace un frío que pela. De modo que, en un día como hoy, ver a un par de tipos con abrigos largos y gorros es de lo más normal.

Llegaron a la planta baja y se alegraron al comprobar que la puerta seguía abierta por si quedaba algún rezagado. Sabían que, cuanto más rápido saliesen de allí, menos llamarían la atención del guardia. Así que los dos salieron como si tal cosa, y éste ni se inmutó.

Siguieron recto y giraron a la derecha. Hasta ese momento, todo iba sobre ruedas. Todavía quedaba algún transeúnte por las calles, pero hacía un viento tan helado que todos iban con la cabeza gacha, con tal de protegerse del frío.

Cuando comenzaban a subir la cuesta, sintieron caer unas gotas de agua sobre sus cabezas. Al principio, no sospecharon lo peligrosa que la lluvia podía llegar a ser. Por el contrario, se animaron al ver que los ratones corrían a sus casas para refugiarse, dejando las calles vacías.

Pero, de repente, Torpón se dio cuenta de lo que podía ocurrir como ese chispear de gotas se convirtiera en tormenta. No había hecho más que pensarlo cuando un relámpago partió el cielo en dos y la lluvia se hizo más intensa.

—¡Corre, Santi! ¡Por lo que más quieras! ¡Cooooorreee! —gritó el ratón.

El niño aceleró el paso, sin comprender aún lo que ocurría. Los gritos de Torpón eran tan desesperados que debía de ser algo terrible. Pero cuando verdaderamente corrió fue cuando él mismo cayó en la cuenta. ¡La lluvia lo estaba calando hasta los huesos! Lo que significaba que, en cuestión de segundos, toda la cantidad de mugre que le cubría se habría disuelto en el agua, y su cuerpo estaría más limpio que los chorros del oro. Entonces el olor a chicle de fresa emanaría en todo su esplendor.

Santi corrió como no había corrido nunca. Pero sus piernas flojeaban. Había pasado un día y una noche encerrado en la fábrica, sin comer, sin dormir y sin mover un músculo. Su cuerpo no le respondía. La lluvia era cada vez más intensa y la cuesta que conducía a la casa del ratón le parecía eterna. Torpón iba delante de él, pero no le sacaba mucha distancia. Él también parecía cansado, pues Santi podía oír perfectamente su respiración acelerada.

Debían de estar ya muy lejos de la fábrica. No podía faltar mucho para llegar. Santi giró la cabeza para comprobarlo, y más le hubiera valido no hacerlo. Su corazón comenzó a palpitar todavía más fuerte. ¡Tres ratas espantosas les iban pisando los talones! La visión apenas duró un segundo porque no quiso seguir mirando. Pero no podía quitarse de la cabeza el tamaño de aquellos bichos. Sin embargo, tenía que concentrarse en correr y nada más que en correr.

En ese momento, oyeron unas voces que los llamaban.

¡Tranquilos! ¡Vamos a rescataros!

El ratón y el niño, sobresaltados, giraron la cabeza a la par. Pero allí, aparte de esas monstruosas ratas, no había nadie más.

—¡Arriba! ¡Mirad arriba!

Dos gorriones sobrevolaban la zona y, sobre ellos, iban sentados un par de ratones uniformados. Los pájaros volaron un poco más bajo, y entonces distinguieron que los guardias les tendían una escalera y les hacían señas para que subieran.

El temporal no hacía más que dificultar las cosas. El viento soplaba con tanta fuerza que las escaleras se balanceaban en el aire, y encaramarse a ellas no era una tarea fácil. Especialmente, cuando tres enormes ratas pretendían darles alcance para arrancarle la dentadura al niño sin ningún tipo de piedad.

Finalmente, Santi y el ratón consiguieron trepar por las escaleras. Pero aún no habían alcanzado el final cuando las tres ratas empezaron a dar manotazos a la escalera a la que Santi se aferraba.

Lo que las ratas pretendían era hacer-

lo caer al suelo. Y lo triste es que tenían todas las de ganar, porque los frágiles escalones que lo sostenían en el aire se tambaleaban cada vez más.

Para evitar que las ratas se saliesen con la suya, los gorriones volaron más alto. Pero conforme ganaban altura, el viento los azotaba con más fuerza. Pese a todo, lograron subir unos pocos escalones más y, casi habían llegado al final, cuando sopló una ráfaga de viento que arrastró con ella a Torpón hasta perderlo de vista.

Las probabilidades de que hubiera sobrevivido a la caída eran mínimas, de modo que los guardias concentraron sus esfuerzos en ayudar a Santi. De momento, nada más podían hacer por el pobre Torpón.

Por fin, Santi llegó al final de la escalera. Siguiendo las instrucciones del guardia, se sentó sobre el gorrión y se agarró con fuerza a su plumaje. Los dos pájaros izaron el vuelo. A Santi le pareció que se dirigían a la cumbre de la montaña, donde estaba el edificio de las banderas. Pero lo único que le interesaba en esos momentos era encontrar a su amigo. Desde lo alto, miraba entre los árboles y las casas que iban dejando atrás. Pero no había ni rastro de Torpón.

—No te empeñes en buscarlo —dijo el guardia que lo acompañaba—. Con esta lluvia es imposible ver nada.

El guardia llevaba razón, pero Santi se resistía a darlo por perdido. Al poco, llegaron al edificio de las banderas. Era muy majestuoso. Cuatro columnas sostenían el frontón de la fachada, y cada dientecito refulgía como un rayo. Los guardias pusieron los pies en tierra y ordenaron a Santi que los siguiera. Entraron en el edificio y bajaron unas escaleras que conducían a una especie de sótano. Los guardias abrieron el candado de una puerta que había entre muchos barrotes e hicieron pasar a Santi. Le pusieron unas esposas y le dieron indicaciones.

—Espera aquí —dijo uno de los guardias—. Nosotros vamos a comunicar al consejo de ancianos lo ocurrido.

—Pero... ¿qué pasará con Torpón? —preguntó Santi.

—En cuanto amaine el temporal, volveremos a buscarlo. Si sigue con vida, el consejo celebrará un juicio mañana temprano, donde se decidirá qué hacer con vosotros dos.

Santi no replicó. La puerta se cerró, y oyó cómo los guardias echaban el candado. Aquel sitio parecía un calabozo. Todo estaba oscuro. No había ni una sola ventana, y la única salida al exterior era la puerta de barrotes. Todo lo que había en la celda era una banqueta de madera. Ni un colchón, ni un grifo, nada. «Por lo menos no podrán tenerme mucho tiempo aquí», pensó Santi.

Capítulo dieciocho

Debía de haber anochecido ya cuando los barrotes de la puerta de la celda se abrieron. Había comenzado un nuevo día en Rútindel, y los guardias venían a buscar a Santi.

—En 30 minutos comenzará el juicio. Así que sal y aséate. Tienes que estar presentable para recibir al consejo de ancianos.

Al oír las palabras del guardia, Santi no pudo disimular la sonrisa. Si el juicio iba a celebrarse, significaba que Torpón estaba vivo. El niño salió de la celda y fue conducido a un cuarto donde le habían preparado una bañera con agua caliente y ropa limpia. El chaparrón lo había calado hasta los huesos y llevaba un charco de agua en cada bota. Un guardia le quitó las esposas y esperó fuera mientras Santi se aseaba. Cuando estuvo listo, lo acompañaron a una habitación, donde tenía que esperar a que el juicio comenzase. Enseguida sonó una trompeta, y Santi pasó a la sala. Era un lugar muy elegante. Los ratones debían de haber empleado los mejores dientes para construirla, porque las paredes resplandecían. Había grandes ventanales con cortinas de terciopelo rojo y una alfombra, también roja, por la que Santi debía atravesar la sala.

Santi no sabría decir cuántos ratones había allí congregados porque era una sala grandísima con hileras e hileras de butacas. Y a pesar de ello, no había asientos suficientes para todos. Muchos ratones estaban de pie y se agolpaban para verlo pasar. Se ponían de puntillas para no perderse detalle y levantaban sus hocicos olfateándolo. Santi estaba deseando llegar al final de la alfombra y sentarse para dejar de ser observado por todos aquellos curiosos.

En el primer banco, un ratón magullado se afanaba en saludarlo. Era Torpón. Estaba muy bien vestido y peinado, pero ni las mejores galas podían disimular las heridas de su cuerpo. No obstante, ¡estaba allí! ¡Había sobrevivido!

Los guardias le indicaron que se sentara en el primer banco, junto a Torpón. Enfrente de ellos, había una mesa de ébano, muy alta y alargada, detrás de la cual asomaban las cabezas de cinco ratones viejísimos. El que estaba sentado en el centro era el más viejo de todos. Estaba más arrugado que una pasa y tenía una verruga en la nariz.

Uno de los ratones viejos, que estaba sentado en una esquina, se puso en pie y contó con voz muy clara lo que había ocurrido después de que empezara a llover y aparecieran las ratas.

Cuando hubo terminado, los ratones de la sala estaban aterrados y enfadados al mismo tiempo. De nuevo, Santi sentía que todas las miradas recaían sobre él y sobre Torpón. Eran miradas de pocos amigos. Seguidamente, el ratón que había hablado preguntó a Santi:

—¿Cuántos días hace que estás aquí?

—En realidad —dudó Santi—, no lo sé.

Un murmullo se extendió por la sala. Torpón salió en su ayuda y dijo que llevaba cinco días en Rútindel.

—¿Eres consciente del peligro que supone este niño? —siguió interrogándolo el ratón.

Torpón afirmó.

—¿Y por qué no comunicaste lo ocurrido al consejo de ancianos?

Un ratón del público exclamó:

—¡Por vergüenza de no saber coger un diente sin despertar al niño!

—¡Es un patoso! —se burló otro.

—¡No sabe hacer nada derecho!

Toda la sala se echó a reír. Los ratones lo abuchearon y lo insultaron, hasta que la orden de silencio del más viejo del consejo los hizo callar. Entonces el pobre Torpón se levantó y dijo, con un hilo de voz, que no había avisado al consejo de la llegada de Santi porque sabía que lo meterían en el calabozo, y no era justo que un niño de siete años llegara asustado a un mundo desconocido y fuera encerrado bajo tierra.

Las palabras de Torpón conmovieron a los ratones de la sala que, poco a poco, lo fueron escuchando con más atención y respeto.

—¿Cuál es la razón para encerrar a los niños? —dijo Torpón, cuando ya había perdido la vergüenza—. Sabemos que su olor atrae a las ratas, pero Santi pudo ocultar el aroma a chicle de fresa durante cinco días. ¡Lo que hizo fue no bañarse! Es verdad que la lluvia de esta mañana lo ha echado todo a perder; pero, en todo este tiempo, las ratas no se han acercado al niño porque no podían olerlo. Eso demuestra que hay mejores soluciones que encerrar a los niños en el calabozo.

—¡Dinos una! —se oyó gritar a alguien.

—Pues, por ejemplo, propongo idear

un perfume que disimule el aroma a chicle de fresa.

Los ratones de la sala reconocieron que Torpón había tenido una idea grandiosa. De repente, no se oían más que exclamaciones de sorpresa y admiración. Entonces Santi pidió la palabra y dijo a toda la sala:

—¡Los trabajadores de la sección de inventos de la fábrica podrían encargarse de crear el perfume!

Tras unos pocos segundos de reflexión, el ratón de la verruga los felicitó por sus magníficas propuestas y dijo que, de inmediato, los trabajadores de la sección de inventos se pondrían a trabajar en el perfume. No obstante, continuó diciendo:

—Mientras se crea el perfume, el niño deberá permanecer en el calabozo.

El silencio inundó la sala. Era una decisión muy cruel. Entonces Santi se dio cuenta de que Torpón estaba arrugando el hocico y luego extendiéndolo otra vez como si fuera un acordeón, señal inequívoca de que estaba tramando algo.

—Señoría —dijo Torpón—, piénselo detenidamente. Este niño podría sernos de gran ayuda si lo dejamos volver a su casa.

El consejo pidió a Torpón que prosiguiera.

—El principal problema de Rútindel no son las ratas, sino la escasez de dientes. Y, si tenemos falta de dientes no es porque las ratas de Róndor nos los roben, sino porque cada vez menos niños creen en el ratoncito Pérez. Si tuviéramos tantos dientes que no supiéramos qué hacer con ellos, no nos importaría que las ratas nos robasen alguno que otro. Incluso podríamos regalárselos y nos dejarían en paz. Les aseguro que este niño es muy sensato y estoy convencido de que podría encontrar la forma de hacer que los niños vuelvan a creer en el ratoncito.

Torpón había demostrado de nuevo que, pese a ser un poco torpe, tenía unas ideas espléndidas. El consejo se quedó pensativo. Los cinco ancianos hablaron en voz baja, hasta que al final uno de ellos preguntó a Santi:

—¿Aceptas tu misión de hacer que los niños vuelvan a creer en el ratoncito Pérez?

Santi, loco de alegría, aceptó. ¡Cómo no iba a aceptar! Sus padres debían de estar desesperados por su desaparición. Entonces, el ratón de la verruga declaró:

—El consejo de ancianos ha decidido que Santi podrá volver a su casa.

La sala estalló en aplausos. Tal escándalo armaron los ratones, que el ratón de la verruga tuvo que esperar unos momentos para proseguir. Cuando el vitoreo cesó, siguió diciendo:

—En cuanto a Torpón, dejará de encargarse de ir a buscar dientes debajo de las almohadas, porque está claro que no es muy habilidoso para ese tipo de tareas.

Torpón palideció. Santi nunca había visto a Torpón tan triste. Seguramente, hubiera preferido cualquier otro castigo, por horrible que fuese. Pero que le prohibieran ir en busca de dientes... era lo peor que podía pasarle. Sólo conservaba la esperanza de que no le prohibieran también trabajar en la sección de OBSERVAMARCIANOS.

El ratón de la verruga no había terminado su veredicto, así que siguió diciendo:

—El consejo ha decidido, no obstante, que Torpón será el primer ratón que ingrese en el consejo de ancianos antes de llegar a la vejez, pues ha demostrado ser el ratón más listo de Rútindel.

Todos los ratones de la sala se sintieron orgullosos de Torpón, y a él le entusiasmó la idea de formar parte del consejo. Era el mayor reconocimiento que los herederos del ratoncito Pérez podían concederle a un ratón. Además, los miembros del consejo se pasaban casi todos los días por la fábrica de juguetes. Visto así, ser miembro del consejo no debía de ser tan malo, porque podría seguir visitando la sección de OBSERVAMARCIANOS.

Una vez terminado el juicio, una golondrina los devolvió a casa de Torpón.

El ratón estaba un poco dolorido por el golpe, y los dos estaban agotados; por lo que decidieron descansar un par de días, antes de emprender el largo viaje de vuelta a España.

Capítulo diecinueve

Al cabo de dos días, el ratón y el niño partieron. Volvieron a cruzar el mismo desierto, los mismos ríos y las mismas montañas. Después de todo eso, tomaron otra vez un barco y, luego, continuaron su viaje a pie. Esta vez, no tenían tanta prisa en llegar, y por eso, Santi también iba caminando. De hecho, dejaban de caminar por las noches porque, fuera de Rútindel, todo se sumergía en la más absoluta oscuridad.

Una noche, tuvieron la suerte de encontrar una luciérnaga que los acompañó parte del camino y les sirvió de linterna.

Pero, normalmente, al caer la noche, buscaban un sitio para dormir. La mayoría de las veces, se acomodaban sobre un montón de hojas secas que habrían vestido un árbol en el pasado.

Antes de cerrar los ojos, tenían por costumbre tenderse boca arriba para tratar de ver las formas que trazaban las estrellas. Y es que Torpón era un enamorado del firmamento.

—Yo creo que nunca había visto tantas estrellas en el cielo —dijo el niño la primera vez.

—En medio del campo, sin luz, parece que hay miles de estrellas, porque se ven incluso las que están muy lejos. Pero en las ciudades, el cielo es una porquería. Hay noches en las que no verás ni una mísera estrella, porque el aire allí está tan contaminado y es tan espeso que tienes que tener vista de lince para alcanzar a verlas. Y los humanos no tenéis precisamente...

—¡Acabo de encontrar una forma! —anunció Santi, emocionado.

—¿Ah, sí? ¿Y qué es?

—Yo diría que... parece un carro.

—¡Pues claro que es un carro! ¡Serás tontorrón! El carro que forman las estrellas lo descubrieron los humanos hace miles de años. Igual que la Osa Mayor y la Osa Menor. Quiero que encuentres una forma que nadie haya descubierto antes.

—¡Ya lo tengo! —exclamó el niño, entusiasmado—. Veo la cabeza de un perro.

—Vaya, eso está mejor —reconoció Torpón—; pero yo veo una serpiente que está oliendo a su presa.

—¿Y cómo sabes que está haciendo eso?

—Muy fácil. Está sacando la lengua y, como las serpientes huelen con la lengua, ésa debe de estar buscando comida con el olfato.

—¡Pero tu serpiente tiene la lengua muy larga! —apuntó Santi—. Yo creo que es un camaleón, porque los camaleones tienen la lengua más larga que el cuerpo.

Y así, el ratón y el niño solían pasar un largo rato hasta que el sueño los vencía.

Capítulo veinte

Una tarde, iban los dos andando por una acera, sorteando las farolas, los pegajosos chicles en las losetas del suelo y las cacas de perro, cuando Santi reconoció el portal de la casa de su amigo Pablo. Aunque era veinte veces más grande, la entrada de la casa de Pablo con sus tres escalones era inconfundible. Poco más adelante, estaba su escuela, el quiosco de la señora Concha y el parque. ¡Habían llegado!

Santi estaba tan impaciente por llegar a su casa que en un plis-plas se presentaron en el número 43 de la calle Carvajal.

Sólo quedaba un pequeño problema por resolver: cómo entrar.

Era imposible alcanzar a tocar el timbre. Además, no quería provocarle un infarto a su mamá cuando lo viera con ese diminuto tamaño. Podrían tirar chinas a la ventana de la habitación de su abuelo. Él era la única persona que no se asustaría al verlo empequeñecido y acompañado por un ratón. Pero el problema era que, seguramente, estaría imbuido en la lectura de un libro de aventuras, y las probabilidades de que oyera el ruido de las piedrecitas en la ventana eran mínimas.

—Si te tomases una doble dosis de *reduceniños* —pensaba Torpón en voz alta—, éste provocaría el efecto contrario y recuperarías tu tamaño.

—¿Y a qué esperas para dármelo?

—Pues... el caso es que... creo que lo olvidé.

—¿En Rútindel? —preguntó Santi, desesperado.

—No, ¿por quién me tomas? Me lo dejé aquella noche en tu mesita. Ya sabes, con las prisas...

—Entonces, de nada nos sirve el jarabe si no conseguimos llegar arriba; y esperemos que mi mamá no lo haya tirado...

—O lo que sería todavía peor, que se lo hubiese dado a un inspector de policía y lo estuviese analizando en este momento. ¡Eso sería una tragedia! ¡Investigarían e investigarían, hasta dar con Rútindel y lo destrozarían todo, como sólo los humanos saben hacer! —gritó Torpón, fuera de sí.

—No perdamos la calma. Ahora tenemos que pensar cómo subir —aconsejó Santi—. Veamos, ¿qué hiciste tú para llegar a mi habitación aquel día?

El ratón señaló una tubería que recorría la pared y pasaba junto a la ventana de la habitación. Santi no rechistó porque no se le ocurría nada mejor pero ¿habría algo más peligroso que subir por una tubería? Menos mal que vivía en el primer piso, que si llega a vivir en un octavo...

Cabía preguntarse si la ventana estaría abierta. Unas semanas antes, cuando Santi esperaba la visita del ratón, había dejado la ventana entornada para que pudiese entrar sin problemas. Pero ¿a quién se le iba a ocurrir dejar la ventana abierta, con el frío que hacía? No obstante, había que intentarlo.

Torpón, tan precavido como siempre,

sacó de su mochila el equipo de escalador. Traía dos cuerdas, a las que había anudado un afilado pico. Eran exactamente iguales a la que había usado para subir del suelo a la cama de Santi. Sólo que, ahora, la distancia era mucho mayor. Torpón lanzó los picos tan alto como pudo y quedaron clavados en la mitad de la fachada. Después, cada uno se ató una cuerda alrededor de la cintura y, con eso, estaba todo preparado. Ya sólo era cuestión de reunir el valor suficiente.

Torpón, como tenía experiencia, subió primero. Pese a todo, la escalada le llevó su tiempo pero, tras mucho esfuerzo, alcanzó el alféizar de la ventana. Un leve empujoncito y ¡hurra! ¡La ventana se abrió!

Desde arriba, Torpón dio instrucciones a Santi sobre cómo subir. El chico siguió los consejos del ratón a pies juntillas y puso mucho cuidado. De esta forma, aunque agotado, Santi llegó arriba sano y salvo.

Capítulo veintiuno

La habitación estaba tal y como la había dejado días atrás y el *reduce-niños* seguía sobre la mesita de noche. No quería correr el riesgo de que alguien entrase en la habitación y lo descubriera, así que lo primero que hizo Santi fue tomarse la doble dosis de jarabe.

Al principio, sintió un cosquilleo en las orejas y, después, un hormigueo en los dedos de los pies. Acto seguido, como si nada hubiera pasado, Santi volvía a tener el tamaño de un niño normal.

Miró a Torpón y le dio un poco de risa ver ese cuerpo tan enclenque, que no

podía estarse quieto. Había trepado a la cama de Santi y estaba mirando debajo de la almohada. Al momento, salió cargado con un pequeño trasto. Abrió el frasco de jarabe y echó un buen chorro del líquido viscoso sobre el diminuto artilugio. De repente, un precioso OBSERVAMARCIANOS rojo de un metro de altura apareció ante sus ojos.

—Mi tarea ha terminado —dijo el pequeño Torpón con una voz que apenas se oía—. Tú me dejaste el diente debajo de la almohada y aquí tienes tu regalo.

¡Nada más y nada menos que un OBSERVAMARCIANOS! Santi no se lo podía creer. Era el mejor regalo que había recibido en toda su vida. Mientras Santi miraba y requetemiraba el OBSERVAMARCIANOS, Torpón se había preparado para descender por la tubería. En cuanto Santi se dio cuenta de eso, corrió hacia la ventana.

—¿Ya te vas? —le preguntó al ratón.

—El consejo de ancianos me espera —dijo Torpón, intentando disimular, pues una lágrima acababa de rodarle por el hocico.

A Santi tampoco le gustaba parecer sentimental, pero no quería que Torpón se marchase.

—¡Cumpliré mi misión! —gritó Santi por la ventana.

El niño siguió a Torpón con la mirada. Cuando el ratón terminó de bajar por la tubería, echó a correr y se perdió entre la gente de la calle.

En ese momento, la puerta de la habitación por poco se vino abajo. Sus padres y su hermano Marcos lo habían oído llegar y estaban traqueteando la puerta, desesperados por entrar. Santi no había pensado todavía qué les iba a decir sobre todo el tiempo que había pasado fuera. Tampoco sabía con exactitud si se trataba de días o semanas. Pero tenía tantas ganas de verlos, que todo lo demás le daba igual. Así que abrió la puerta y una avalancha de besos y abrazos le cayó encima. Hasta su hermano Marcos estaba loco de alegría y por poco lo ahoga con el abrazo de pitón que le dio…

Su papá estaba tan emocionado que empezó a hacer unas cosas muy raras con los brazos y con las piernas. Eran una especie de saltos de emoción, más exagerados todavía que los que dan los futbolistas cuando meten un gol.

Su mamá gritaba de alegría y comenzó a tocarle la cara, el pelo y las manos para comprobar que no era ninguna visión, ¡que su Santi estaba en casa de nuevo!

Entre beso y beso, su mamá tomaba aire y aprovechaba para llamarlo «mi chiquitín». Cuando lo llamaba «mi chiquitín» y estaban sus amigos delante, a Santi le resultaba muy vergonzoso. Pero en aquel momento, escuchar a su mamá decir «mi chiquitín» era justo lo que necesitaba. Qué curioso que hasta ese día nunca hubiera pensado en lo dulce que sonaba su voz cuando lo decía.

Su abuelo presenciaba la escena sin alterarse. Seguramente, habría reconocido la gabardina roja que Santi llevaba puesta, pues le sonreía de una forma cómplice y llegó incluso a guiñarle un ojo sin que nadie se diera cuenta.

A sus padres les bastaba con la alegría de haberlo encontrado después de tanto tiempo y dejaron las explicaciones para otro día. De modo que Santi y su abuelo tuvieron tiempo para inventar unas cuantas excusas y así estar preparados para el interrogatorio que, sin duda, muy pronto llegaría.

Capítulo veintidós

ADVERTENCIA: este capítulo sólo puede ser leído por los niños. Si a vuestro alrededor hay algún adulto husmeando, debéis distraerlo como sea.

Santi cumplió su promesa de ayudar a los ratones y lo hizo mediante este libro que tienes en tus manos. Pensó que, si escribía un libro contando su historia, muchos niños la conocerían y no tendrían más remedio que creer en el ratoncito Pérez.

Pero los libros circulan por el mundo y pueden caer en manos no deseadas. Por ejemplo, si un adulto leyera este libro y se enterase de la existencia de Rútindel, podría convertir el mundo de los ratones en un museo en miniatura, o algo por el estilo.

Por si acaso, Santi fue muy precavido y firmó con otro nombre, el más raro que se le ocurrió. Él no quería ser escritor, sino astronauta; por lo que tampoco le importó mucho que su nombre no apareciera en la portada. De esta forma, ningún adulto podría ir a buscarlo y obligarlo a que lo condujera a Rútindel, porque esta historia es un secreto entre los niños.

Autor:

Dámaris Navarro Torregrosa nació en 1985 en Bigastro, un pueblo de la comarca de la Vega Baja, en Alicante. Estudió Traducción e Interpretación en la Universidad de Granada y Literatura Comparada en la Universidad de Murcia. Tenía 20 años cuando comenzó a escribir su primer libro infantil, *Rútindel.* Pero antes, había escrito guiones de cine, una tarea a la que todavía se dedica. Ahora, trabaja como traductora y como profesora, además de escribir libros para niños, que es lo que más le gusta, ¡claro está!

Ilustrador:

Daniel Montero Galán nació en Madrid en 1981. Como le costaba muchísimo expresarse con palabras comenzó a hacerlo dibujando y desde entonces dice que se comunica mejor con un lapicero que hablando. Nunca se le dieron bien los estudios, así que lo único que le gustaba de los libros de texto eran las ilustraciones y rellenar los huecos en blanco de las páginas con sus garabatos. A los 17 años empezó a estudiar en la ESDIP (Escuela Superior de Dibujo Profesional), pero después del primer año decidió ser autodidacta. Sus primeros encargos los comenzó realizando en el ordenador, aunque hoy en día ha retomado sus pinceles y prefiere dibujar a mano.

TUCÁN AZUL
+6 años

Juan Cruz Iguerabide, *La ratita Miracielos*
Yanitzia Canetti, *Doña Flautina Resuelvelotodo*
Marisa López Soria, *Ramón Enamorado*
Josep-Francesc Delgado, *Y Alba dejó de tener miedo*
Enric Lluch, *El día en que Mimí desapareció*
Miguel Matesanz Gil, *El hipoceronte*
M.ª José Rico, *Los poemas de Vera*
Ricardo Alcántara, *Un regalo fantástico*
Enric Lluch, *El enano Gumersindo y la princesa Noanín*
Daniel Ameixeiro, *El capitán de la bahía*
Gloria Sánchez, *Adivinanzas monstruosas*
Ricardo Alcántara, *Los vestidos de Pancheta*
Ángeles González-Sinde, *Rosanda y el arte de birli birloque*
Marisa Rombolá, *El monstruo azul*
Yanitzia Canetti, *El niño que nunca se reía*
Iñaki Zubeldia, *Mamá*
Martín Piñol, *Laia y el horripilante monstruo del Champú*
Daniel Nesquens, *Un regalo de cumpleaños*